LA
SENSIBILITÉ INDIVIDUALISTE

A LA MÊME LIBRAIRIE

LA
SENSIBILITÉ
INDIVIDUALISTE

PAR

G. PALANTE

LA SENSIBILITÉ INDIVIDUALISTE
AMITIÉ ET SOCIALITÉ
L'IRONIE. — DEUX TYPES D'IMMORALISME
ANARCHISME ET INDIVIDUALISME

PARIS
FÉLIX ALCAN, ÉDITEUR
LIBRAIRIES FÉLIX ALCAN ET GUILLAUMIN RÉUNIES
108, BOULEVARD SAINT-GERMAIN, 108

1909

LA SENSIBILITÉ INDIVIDUALISTE

I

LA SENSIBILITÉ INDIVIDUALISTE

Le mot *individualisme* peut désigner soit une doctrine sociale, soit une forme de sensibilité.

C'est dans le premier sens qu'il est pris par les économistes et les politiques. L'individualisme économique est la doctrine bien connue du non-interventionnisme, du laisser-faire, laisser-passer. L'individualisme politique est la doctrine qui réduit l'État à la seule fonction de défense à l'extérieur et de sécurité à l'intérieur ; ou encore celle qui préconise la décentralisation (régionalisme et fédéralisme), ou encore celle qui défend les minorités contre les majorités (libéralisme) et se trouve amenée par la logique à prendre en mains la cause de la plus petite minorité : l'individu.

Tout autre est l'individualisme psychologique. — Sans doute, il peut y avoir un lien entre l'individualisme doctrinal et l'individualisme sentimental. Par exemple, Benjamin Constant fut un individualiste dans les deux sens du mot. Mais ce rapport n'est pas nécessaire. On peut être individualiste doctrinaire et ne posséder à aucun degré le sensibilité individualiste. Exemple : Herbert Spencer.

La sensibilité individualiste peut se définir négativement. Elle est le contraire de la sensibilité sociable. Elle est une volonté d'isolement et presque de misanthropie.

La sensibilité individualiste n'est pas du tout la même chose que l'égoïsme vulgaire. L'égoïst banal veut à tout prix se pousser dans le monde, il se satisfait par le plus plat arrivisme. Sensibilité grossière. Elle ne souffre nullement des contacts sociaux, des faussetés et des petitesses sociales. Au contraire, elle vit au milieu de cela comme un poisson dans l'eau.

La sensibilité individualiste suppose un vif besoin d'indépendance, de sincérité avec soi et avec autrui qui n'est qu'une forme de l'indépendance d'esprit ; un besoin de discrétion et de délicatesse qui procède d'un vif sentiment de la barrière qui sépare les moi, qui les rend incommunicables et intangibles ; elle suppose aussi souvent, du moins dans la jeunesse, cet enthousiasme pour l'honneur et l'héroïsme que Stendhal appelle *espagnolisme*, et cette élévation de sentiments qui attirait au même Stendhal ce reproche d'un de ses amis : « Vous tendez vos filets trop haut. » Ces besoins intimes, inévitablement froissés dès les premiers contacts avec la société, forcent cette sensibilité à se replier sur elle-même. C'est la sensibilité de Vigny : « Une sensibilité extrême, refoulée dès l'enfance par les maîtres et à l'armée par les officiers supérieurs, demeurée enfermée dans le coin le plus secret du cœur. » Cette sensibilité souffre de la pression que la société exerce sur ses membres :

« La société, dit Benjamin Constant, est trop puissante, elle se reproduit sous trop de formes, elle mêle trop d'amertume à l'amour qu'elle n'a pas sanctionné... » Et ailleurs : « L'étonnement de la première jeunesse à l'aspect d'une société si factice et si travaillée annonce plutôt un cœur naturel qu'un esprit méchant. Cette société d'ailleurs n'a rien à en craindre. Elle pèse tellement sur nous ; son influence sourde est tellement puissante qu'elle ne tarde pas à nous façonner d'après le moule universel. Nous ne sommes plus surpris alors que de notre ancienne surprise, et nous nous trouvons bien sous notre nouvelle forme, comme l'on finit par respirer librement dans un spectacle encombré par la foule, tandis qu'en entrant on n'y respirait qu'avec effort... Si quelques-uns échappent à la destinée générale, ils enferment en eux-mêmes leur dissentiment secret ; ils aperçoivent dans la plupart des ridicules le germe des vices ; ils n'en plaisantent plus, parce que le mépris remplace la moquerie et que le mépris est silencieux (1). » L'espagnolisme de Stendhal se hérisse devant les vulgarités et les hypocrisies de son petit milieu bourgeois de Grenoble (2). Un peu plus tard, à Paris, chez les Daru, il exprime la même horripilation : « C'est dans cette salle à manger que j'ai cruellement souffert, en recevant cette éducation *des autres* à laquelle mes parents m'avaient si judicieusement soustrait... Le genre poli, cérémonieux, encore aujourd'hui, me glace et

(1) Benjamin Constant, *Adolphe.*
(2) *Vie de Henri Brulard,* p. 177, 179.

me réduit au silence. Pour peu qu'on y ajoute la nuance religieuse et la déclamation sur les grands principes de la morale, je suis mort. Que l'on juge de l'effet de ce venin en janvier 1800, quand il était appliqué sur des organes tout neufs et dont l'extrême tension n'en laissait pas perdre une goutte (1). » — Même froissement intérieur, plus profond et plus intime encore chez Amiel : « Peut-être me suis-je déconsidéré en m'émancipant de la considération ? Il est probable que j'ai déçu l'attente publique en me retirant à l'écart par froissement intérieur. Je sais que le monde, acharné à vous faire taire quand vous parlez, se courrouce de votre silence quand il vous a ôté le désir de la parole (2). »

Il semble, d'après cela, qu'on doive considérer la sensibilité individualiste comme une sensibilité *réactive* au sens que Nietzsche donne à ce mot, c'est-à-dire qu'elle se détermine par réaction contre une réalité sociale à laquelle elle ne peut ou ne veut point se plier. Est-ce à dire que cette sensibilité n'est pas primesautière ? En aucune façon. Elle l'est, en ce sens qu'elle apporte avec elle un fond inné de besoins sentimentaux qui, refoulés par le milieu, se muent en volonté d'isolement, en résignation hautaine, en renoncement dédaigneux, en ironie, en mépris, en pessimisme social et en misanthropie.

Cette misanthropie est d'une nature spéciale. Comme l'individualiste est né avec des instincts de

(1) *Vie de Henri Brulard*, p. 248.
(2) Amiel, *Journal intime*, II, p. 192.

sincérité, de délicatesse, d'enthousiasme, de géné-
rosité et même de tendresse, la misanthropie où il
se réfugie est susceptible de nuances, d'hésitations,
de restrictions et comme de remords. Cette misanthropie, impitoyable pour les groupes, — hypocrites
et lâches par définition, — fait grâce volontiers aux
individus, à ceux du moins en qui l'individualiste
espère trouver une exception, une « différence »,
comme dit Stendhal.

Hostile aux « choses sociales » (Vigny), fermé aux
affections corporatives et solidaristes, l'individualiste
reste accessible aux affections électives ; il est très
capable d'amitié.

* *

Le trait dominant de la sensibilité individualiste
est en effet celui-ci : le sentiment de la « différence » humaine, de l'unicité des personnes. —
L'individualiste aime cette « différence » non
seulement en soi, mais chez autrui. Il est porté à
la reconnaître, à en tenir compte et à s'y complaire.
Cela suppose une intelligence fine et nuancée. Pascal
a dit : « A mesure qu'on a plus d'esprit, on trouve
qu'il y a plus d'hommes originaux. Les gens du commun ne trouvent pas de différence entre les hommes. »
La sensibilité sociable ou grégaire se complaît dans
la banalité des traits ; elle aime qu'on soit « comme
tout le monde ». La sensibilité chrétienne, humanitaire, solidariste et démocratique, voudrait effacer
les distinctions entre les moi. Amiel y voit avec rai-

son l'indice d'une intellectualité grossière : « Si, comme dit Pascal, à mesure qu'on est plus développé, on trouve plus de différence entre les hommes, on ne peut dire que l'instinct démocratique développe beaucoup l'esprit, puisqu'il fait croire à l'égalité des mérites en vertu de la similitude des prétentions (1). » Le chrétien dit : « Faites à autrui ce que vous voudriez qu'il vous fît. » A quoi un dramaturge moraliste, B. Shaw, réplique avec esprit : « Ne faites pas à autrui ce que vous voudriez qu'il vous fît : vous n'avez peut-être pas les mêmes goûts. »

Tous les grands individualistes communient dans ce trait : l'amour et la culture de la différence humaine, de l'unicité. « La tête de chacun, dit Vigny, est un moule où se modèle toute une masse d'idées. Cette tête une fois cassée par la mort, ne cherchez plus à recomposer un ensemble pareil, il est détruit pour toujours (2). » Stendhal dit que chaque homme a sa façon à lui d'aller à la chasse au bonheur. C'est ce qu'on appelle son *caractère*. « Je conclus de ce souvenir, si présent à mes yeux, qu'en 1793, il y a quarante-deux ans, j'allais à la chasse au bonheur précisément comme aujourd'hui ; en d'autres termes plus communs, mon caractère était absolument le même qu'aujourd'hui (3). »

Benjamin Constant tire du sentiment de son unicité cette conclusion pratique : « En réfléchissant à

---

(1) Amiel, *Journal intime*, II, p. 305.
(2) Vigny, *Lettre à Lord X...*
(3) Stendhal, *Vie de Henri Brulard*, p. 110.

ma position, je me dis qu'il faut s'arranger selon ses besoins et son caractère; c'est duperie que de faire autrement. On n'est bien connu que de soi. Il y a entre les autres et soi une barrière invisible; l'illusion seule de la jeunesse peut croire à la possibilité de la voir disparaître. Elle se relève toujours (1). »

On le voit, Stirner n'a pas inventé le sentiment de l'*unicité*, s'il a inventé le mot. Ce sentiment se confond avec le sentiment même de l'individualité. Être individualiste, c'est se complaire dans le sentiment, non pas même de sa supériorité, mais de sa « différence », de son unicité. — Et cela dans n'importe quelles conjonctures, même les plus adverses ou même les plus affreuses. — Il est telle espèce d'hommes qui, frappés par le sort, honnis par la tourbe des imbéciles (il est vrai que ceci est un réconfort), engagés dans une de ces impasses de la vie où il semble qu'on doive toucher à l'extrême désespoir, précisément dans ce moment, trouvent une exaltation de force et d'orgueil dans le sentiment de leur *moi* et ne voudraient pas changer ce moi contre n'importe quel autre, tant favorisé fût ce dernier moi par la fortune ou par les hommes. — L'individualiste fait résider toute sa valeur et tout son bien non dans ce qu'il possède, ni dans ce qu'il représente, mais dans ce qu'il *est*.

L'unicité du moi ne va pas sans instantanéité. —Dans le sentiment de l'individualité entre comme élément

---

(1) Benjamin Constant, *Journal intime*, p. 43.

essentiel la sensation de la fluidité, de l'instabilité de
ce moi pourtant si personnel. Ceci aussi est un trait
caractéristique de la sensibilité individualiste. Benjamin Constant, Stendhal sont des sensibilités frémis-
santes, mobiles, insaisissables pour elles-mêmes et
souvent déconcertantes pour autrui (1).

Même remarque pour Amiel en qui toutefois cet
impressionnisme sentimental tente souvent, sans y
parvenir toujours, de se corriger de stoïcisme.

Par cet impressionnisme sentimental, l'individualiste représente le contraire de ce qu'on appelle un
« caractère », « un homme à principes ». — Et comme
l'intelligence a ses racines dans la sensibilité,
l'intelligence de l'individualiste est, comme sa sensibilité elle-même, mobile, impressionniste, artiste,
fine, capricieuse et nuancée. De là, la supériorité de
l'intellectualité individualiste comparée à la pauvreté
et à l'étroitesse intellectuelle souvent constatées chez
les gens qu'on appelle des « caractères ». Ed. Rod
note quelque part la fréquence de cette combi-
naison psychologique : un imbécile et un caractère.

Les deux éléments qui constituent le sentiment de
l'individualité, unicité et instantanéité, semblent
jusqu'à un certain point inconciliables. En effet, qui
dit unicité dit constance au moins relative ; qui dit
instantanéité dit fluidité, fugacité absolue. Le senti-

(1) Voir Benjamin Constant, *le Cahier Rouge* et *le Journal
ntime.* — Stendhal, *Vie de Henri Brulard* et *Souvenirs d'égotisme.*

ment de l'individualité ne s'évanouit-il pas dans l'instantanéisme? — A vrai dire, cette opposition est toute théorique. En fait, le sentiment de l'individualité combine ces deux éléments en les conciliant à chaque instant de son devenir. D'une part, Schopenhauer a raison de dire que notre individualité nous accompagne partout et teinte de sa nuance tous les événements de notre vie : d'autre part, Stirner a raison de dire que l'Unique est instantané. Mais tous ces états d'âme instantanés qui se succèdent comme un défilé d'images cinématographiques ont tous une teinte commune, une même coloration sentimentale. Cela suffit pour que nous nous reconnaissions. Cela suffit pour que le sentiment de notre individualité soit possible. L'instantanéisme absolu de Stirner est une exagération et une contre-vérité psychologique. L'instantanéisme absolu exclurait tout sentiment et toute culture de la « différence » humaine, toute notion de l'unicité.

*
* *

La sensibilité individualiste entre inévitablement en conflit avec la société où elle évolue. La tendance de cette dernière est en effet de réduire autant que possible le sentiment de l'individualité : l'unicité par le conformisme, la spontanéité par la discipline, l'instantanéité du moi par l'esprit de suite, la sincérité du sentiment par l'insincérité inhérente à toute fonction socialement définie, la confiance en soi et

l'orgueil de soi par l'humiliation inséparable de tout
dressage social. C'est pourquoi l'individualiste a le
sentiment d'une lutte sourde entre son moi et la
société. Il ne veut pas être dupe; il ne veut pas
s'effacer devant les préjugés. « J'ai toujours vu, écrit
Sainte-Beuve, que, si l'on se mettait une seule minute
à dire ce que l'on pense, la société s'écroulerait. »
Stendhal dit : « La société ne m'a pas fait de concession; pourquoi lui en ferais-je? » — En même temps
l'individualiste sent vivement la difficulté d'échapper
à la société : « Je suis chaque jour plus convaincu,
dit Benjamin Constant, qu'il faut ruser avec la vie
et les hommes presque autant quand on veut échapper aux autres que lorsqu'on veut en faire des ins-
truments. L'ambition est bien moins insensée qu'on
ne le croit ; car, pour vivre en repos, il faut se donner
presque autant de peine que pour gouverner le
monde (1). » — Stendhal loue ceux qui, dans la vie,
« ne se soucient pas plus de commander que d'obéir ».
— Ligne difficile à tenir. La société ne vous passera
pas cette fantaisie. Elle vous dira : « Il faut commander ou obéir, ou plutôt les deux à la fois. Il faut tenir
votre place et jouer votre rôle.» L'individualisme est
une façon de se dérober, une façon de fermer sa porte,
de défendre son for intérieur; c'est l'isolement hautain de l'individu dans la forteresse de son unicité;
c'est une sécession sentimentale et intellectuelle.
Content d'échapper à la société, l'individualiste la

(1) Benjamin Constant, *le Journal intime*, p. 80.

tient quitte de ses faveurs ; il s'en prend à lui-même de son peu d'avancement social. Cela d'ailleurs sans remords ni regrets. « J'ai vécu dix ans dans ce salon, dit Stendhal, reçu poliment, estimé, mais tous les jours *moins lié*, excepté avec mes amis. C'est là un des défauts de mon caractère. C'est ce défaut qui fait que je ne m'en prends pas aux hommes de mon peu d'avancement... Je suis content dans une position inférieure, admirablement content surtout quand je suis à deux cents lieues de mon chef, comme aujourd'hui (1). » — « Je ne suis pas mouton, dit encore Stendhal, et c'est pourquoi je ne suis rien. »

La sensibilité individualiste s'accompagne d'une intellectualité hostile à toutes les doctrines d'empiètement social ; elle est antisolidariste, antidogmatique, anti-éducationniste. L'individualisme est un pessimisme social, une défiance raisonnée vis-à-vis de toute organisation sociale. L'esprit individualiste est, en face des croyances sociales, l' « Esprit qui toujours nie ». Il dirait avec le Méphistophélès du second Faust : « Laisse-moi de côté ces anciennes luttes d'esclavage et de tyrannie ! Cela m'ennuie, car à peine est-ce fini qu'ils recommencent de plus belle, et nul ne s'aperçoit qu'il est joué par Asmodée, qui se blottit derrière ! Ils se battent, dit-on, pour les droits de la liberté ; tout bien considéré, ce sont esclaves contre esclaves (2). » Réfugié dans son scep-

(1) *Souvenirs d'égotisme*, Ecrit de Civita Vecchia.
(2) *Faust*, deuxième partie, acte II.

ticisme et son dilettantisme social, l'individualiste
goûte chez les auteurs un petit air d'ironie et d'irres-
pect propre à cingler les philistins cérémonieux et
pontifiants. Il se délecte d'une pensée comme celle-ci,
qui est de B. Shaw et qui est exquise : « Ne donnez
pas à vos enfants d'instruction morale ou religieuse
sans être assuré qu'ils ne la prendront pas trop au
sérieux; mieux vaut être la mère d'Henri IV que
celle de Robespierre. » D'ailleurs l'individualiste
ne songe pas à faire de prosélytisme. Il prendrait
volontiers à son compte le mot de Barrès : « Il
n'appartient à aucun de modifier la façon de sentir
de son voisin. » L'individualiste propose des *placita*
et n'impose pas de dogmes. Tout au plus, comme
Stendhal, écrit-il *to the happy few*.

*
* *

Disons un mot de la sincérité individualiste. Cette
sincérité ne procède pas d'un scrupule moral, mais
d'une fierté personnelle, d'un sentiment de force et
d'indépendance. On se rend ce témoignage qu'on se
moque de l'antipathie des autres. La sincérité est un
signe de force : « Les personnes faibles ne peuvent
être sincères, » dit La Rochefoucauld.

On peut dire aussi que la sincérité de l'individualiste est en partie *réactive*, au sens nietzschéen que
nous avons vu plus haut. L'individualiste est sincère
en quelque sorte par esprit de contradiction. Il aime
la sincérité et la netteté par antipathie pour l'hypocrisie sociale et pour ceux qui la représentent. « Mon

enthousiasme pour les mathématiques avait peut-être eu pour base principale mon horreur pour l'hypocrisie ; l'hypocrisie à mes yeux était ma tante Séraphie, Mme Vignon et leurs prêtres (1). »

La sensibilité, qui est l'antithèse de la sensibilité individualiste, la sensibilité corporative, solidariste, est factice et toujours plus ou moins insincère.

Voyez les dessous de la mentalité corporative. La solidarité de façade y recouvre le banal égoïsme que nous avons distingué tout d'abord de l'individualisme ; égoïsme compliqué ici de sentiments d'esclaves : envie, défiance, malveillance, dénigrement entre compagnons de chaîne. Je connais, dans une administration, qu'il est inutile de désigner autrement des fonctionnaires qui parlent de solidarité, qui lisent un journal intitulé *la Solidarité* (2). Mais qu'un collègue soit, de la part d'un chef hiérarchique, l'objet de quelque mauvais tour ou de quelque vilenie notable, ou qu'il arrive à ce collègue quelque mésaventure professionnelle, une mauvaise inspection, par exemple, vous verrez plus d'un de ces excellents collègues se frotter les mains *in petto* ou même manifester sa satisfaction par quelque allusion méchante, quand il est sûr qu'il n'a rien à craindre ; c'est-à-dire quand le collègue visé n'est pas *persona grata* auprès du chef. Cherchant une hy-

---

(1) Stendhal, *Vie de Henri Brulard*, p. 226.
(2) On remarquera que nous ne contestons pas l'utilité de la solidarité comme moyen pratique d'émancipation individuelle ou collective, comme arme défensive ou offensive contre certaines tyrannies et certains arbitraires.

perbole capable d'exprimer la pleutrerie corporative, je me suis arrêté à la suivante : Supposons qu'un chef hiérarchique grossier (l'hypothèse n'est pas absolument impossible) applique à l'un de ses subordonnés un coup de pied quelque part avec une intensité pouvant être représentée par 30 au dynamomètre, et qu'il se contente d'infliger à tel ou tel autre la même marque d'attention avec une intensité réduite à 20, ces derniers seront enchantés et considéreront la différence comme un avancement personnel, comme un bénéfice représenté par l'écart entre 30 et 20. — Il me reste un scrupule, dirait Schopenhauer : Est-ce bien une hyperbole ?

La mentalité syndicaliste, — autre forme de la mentalité solidariste, — a été définie par un publiciste qui connaît bien les syndicats : « Un altruisme camaradivore. » Récemment M. Buisson rapportait « les doléances d'instituteurs syndiqués qui se plaignaient que le président ou le secrétaire du syndicat, ou même les deux, profitant de leur situation élevée, auraient mis la main sur de bonnes places (1) ».

Il y a pourtant une sensibilité solidariste sincère et sérieuse. C'est celle d'un certain nombre de penseurs humanitaires et idéalistes qui aiment à se placer au point de vue du bien de l'ensemble, de la société, de l'humanité. — On sait que la vision de l'univers du point de vue solidariste est un « sociomorphisme universel » (Guyau). L'univers apparaît au solidariste

(1) *Pages libres*, numéro du 25 janvier 1908 : *Entretien sur la démocratie.*

comme une immense société de laquelle l'individu ne
pourrait, quand il le voudrait, s'isoler. Le solidariste
se complaît à croire que chacun de ses gestes, chacun de ses actes, presque de ses pensées, a sa répercussion jusqu'en Chine, jusqu'au Kamtchatka, jusque dans Saturne ou dans Mars et inversement que
que chacun des gestes, chacun des actes des habi-
tants de ces pays ou de ces astres lointains a une
répercussion, si infime soit-elle, sur lui. Sentir cette
dépendance universelle, s'y complaire, en jouir,
l'exagérer à plaisir est le propre de la sensibilité
solidariste.

« Sentir ainsi, dirait Nietzsche, c'est l'indice d'un
certain tempérament. » Mais autant cette sensation de
dépendance est chère au solidariste, autant elle est
intolérable à l'individualiste. Celui-ci secoue le réseau
de fils invisibles et mystérieux dont le charge le solidariste. Il se refuse aux nébulosités et à la religiosité
solidaristes. Il voit nettement ce qu'il y a de factice
dans la préoccupation du général. Il dirait volontiers
avec l'Amaury de Sainte-Beuve : « Après tout, les
grands événements du dehors et ce qu'on appelle les
intérêts généraux se traduisent en chaque homme et
entrent, pour ainsi dire, en lui par des coins qui ont
toujours quelque chose de très particulier. Ceux qui
parlent magnifiquement au nom de l'humamité entière
consultent, autant que personne, des passions qui ne
concernent qu'eux et des mouvements privés qu'ils
n'avouent pas. C'est toujours plus ou moins l'ambition de se mettre en tête et de mener, le désir du

bruit ou du pouvoir, la satisfaction d'écraser ses
adversaires, dedémentir ses envieux, de tenir jusqu'au
bout un rôle applaudi (1). » — Ici nous retrouvons
l'insincérité dont nous avons parlé plus haut et dont le
solidarisme a tant de peine à se dégager. Ceux qui
invoquent la philosophie solidariste sont, la plupart
du temps, des personnalités absorbantes et autori-
taires, des ambitieux à qui l'idée solidariste sert de
prétexte pour étendre leur empire sur les autres
volontés. Ces gens interdisent à l'individualiste l'isolement comme une immoralité. — C'est en vain que
l'individualiste regimbera, qu'il invoquera l'inviola-
bilité de son moi, voudra fermer sa porte et rester,
suivant le reproche consacré, « dans sa tour d'ivoire » ;
le solidariste le poursuivra dans ses retranchements,
lui interdira d'avoir un « chez lui », de verrouiller son
moi ; il lui mettra la main au collet et le forcera à
marcher au nom de la solidarité !

Nous avons tous connu le type du politicien solidariste. A l'heure où j'écris, ce type n'est pas mort.
Il n'est pas encore entièrement usé dans les lointaines
sous-préfectures. La spécialité du politicien solidariste est de rappeler sans cesse aux fonctionnaires
qu'il veut « faire marcher » leur « devoir social »
(œuvres post-scolaires, éducation populaire, confé-
rences plus ou moins directement électorales, etc.).
— Le « devoir social » a ceci de bon qu'il est très
élastique et indéfiniment extensible. L'État étant

(1) Sainte-Beuve, *Volupté*, p. 205.

l'incarnation suprême de la solidarité, il en résulte qu'un homme qui a l'honneur de toucher l'argent de l'État n'est jamais quitte envers la société. Il semble vraiment aux apôtres du « devoir social » que l'argent de l'État soit sacré, qu'il vaille dix fois plus que l'autre et que tout salarié de l'État, en échange d'un traitement pourtant modeste, soit redevable de tout son temps, de toutes ses forces, de toutes ses pensées au bien public, à l'éducation des ·masses, à la solidarité humaine, — au fond, aux ambitions électorales d'un Monsieur.

*
* *

L'attitude individualiste telle que nous l'avons définie est surtout une attitude défensive. La grande arme de défense de l'individualiste contre les empiètements et les contacts sociaux est l'indifférence et le mépris. — Le mépris individualiste est un mur que l'individualiste, fort du sentiment de son unicité, élève contre son moi et celui des autres. Lorsqu'on vit dans certains compartiments sociaux, il est indispensable de s'envelopper d'une cuirasse de dédaigneuse impassibilité. Le mépris individualiste est une volonté d'isolement, un moyen de garder les distances, de préserver son être intime, sinon son être physique, du contact de certaines choses et de certaines gens.

Le mépris individualiste est un sentiment *réactif* au sens que nous avons dit plus haut. Cela veut dire que, souvent, le mépris remplace chez l'individualiste

PALANTE. — Sensibilité. 2

un sentiment tout opposé : une estime exagérée des hommes. Stendhal dit : « J'étais sujet à trop respecter dans ma jeunesse (1). » Il s'est plus tard guéri de ce défaut. Il a remplacé la manie respectante par le mépris habituel. Attitude beaucoup plus rationnelle dans la société. — Le mépris individualiste a ceci de particulier qu'il s'attache de propos délibéré aux « choses sociales », comme dit Vigny et aux gens qui vivent uniquement par ces choses sociales et pour elles. Ces « choses sociales » sont toute organisation sociale définie, toute hiérarchie, toute situation sociale acquise dans cette hiérarchie, toute mentalité collective figée, convenue et prévue, telle que esprit de caste, esprit de groupe, esprit de corps, préjugés, hypocrisies et mots d'ordre régnant dans tout compartiment social. Le mépris individualiste se distingue du mépris de l'humanité en général ou misanthropie d'un Alceste ; il se distingue aussi du mépris romantique d'un Lorenzaccio pour la lâcheté des peuples asservis. C'est un mépris proprement antisocial, un mépris qui s'adresse à des groupes humains déterminés et à l'âme, si l'on ose ainsi parler, de ces groupes.

Ce mépris affecte bien des degrés et des nuances, depuis le mépris rageur de Julien Sorel pour l'orgueil nobiliaire des La Môle, — depuis le mépris hargneux d'un Vallès pour son milieu universitaire, jusqu'à la nausée que cause à Stendhal la « boue

(1) Stendhal, *Souvenirs d'égotisme.*

fétide » des Bourbons ou la bassesse des généraux de
l'Empire faisant assaut de platitude et empochant à
l'envi les humiliations dans les salons de la Restau-
ration (1) ; ou jusqu'au mépris « silencieux » qui remplace chez un Benjamin Constant la première surprise
et la première indignation à la vue des hypocrisies
et des petitesses de la société. Ce mépris revêt aussi
bien des formes, depuis l'apostrophe célèbre de Julien
Sorel : « Canaille ! Canaille ! Canaille ! » jusqu'à la
réflexion de Stendhal : « Toute situation sociale
acquise suppose un amoncellement inimaginable de
bassesses et de canailleries sans nom, » ou jusqu'à
cette expression du dégoût intense du même Stendhal devant la platitude d'un milieu bourgeois : « Si
l'on veut me permettre une image aussi dégoûtante
que ma sensation, c'est comme l'odeur des huîtres
pour un homme qui a eu une effroyable indigestion
d'huîtres (2). » Avec l'expérience de la vie, cette exas-
pération du dégoût cède, et l'on en arrive à un mépris
souriant. « J'étais fou alors, écrit plus tard Stendhal ;
mon horreur pour le *vil* allait jusqu'à la passion au
lieu de m'en amuser, comme je fais aujourd'hui des
actions de la cour... (3). » Cette attitude moqueuse et
souriante est aussi celle de Mᵐᵉ de Charrière, l'amie
de Benjamin Constant : « Toutes les opinions de
Mᵐᵉ de Charrière reposaient sur le mépris de toutes
les convenances et de tous les usages. Nous nous

(1) *Souvenirs d'égotisme*, p. 71.
(2) *Vie de Henri Brulard*, p. 98
(3) *Souvenirs d'égotisme*, p. 32.

moquions à qui mieux mieux de tous ceux que nous voyions : nous nous enivrions de nos plaisanteries et de notre mépris de l'espèce humaine... (1). »

La forme la plus modérée et la plus fréquente du mépris individualiste est l'indifférence au jugement des hommes. C'est le *sperne te sperni.* Stendhal regarde ce sentiment comme une primordiale condition de bonheur et d'indépendance. « Je n'aurai rien fait pour mon bonheur particulier, tant que je ne serai pas accoutumé à souffrir d'être mal dans une âme, comme dit Pascal. Creuser cette grande pensée, fruit de Tracy (2). »

Dédaigneux de l'opinion en général, l'individualiste honore d'un mépris spécial l'opinion de certains groupes qui le touchent de plus près, qu'il connaît bien et dont il a pénétré à fond les petitesses, les hypocrisies et les mots d'ordre.

Le mépris de l'individualiste pour les groupes s'oppose au mépris des groupes pour le non-conformiste, pour l'indépendant, l'irrégulier, pour celui qui vit en marge de son monde. Le mépris des groupes est un mépris grégaire dispensé selon les préjugés, selon ce qu'on croit exigé par l'intérêt ou le bon renom du corps, ou ce qu'on fait semblant de croire tel. Le mépris de groupe est un mépris rancunier, vindicatif, qui ne lâche jamais son homme, car, comme on l'a dit avec justesse, « les individus pardonnent quelquefois, les groupes jamais ». Le

(1) Benjamin Constant, *le Cahier Rouge*, p. 44.
(2) Stendhal, *Journal*, p. 113.

mépris de groupe est dicté par l'égoïsme de groupe.
On méprise celui qui fait bande à part, se soustrait à
l'esprit de corps et ne s'en soucie pas. — Le mépris
individualiste est désintéressé et dicté seulement
par une antipathie intime pour la bassesse et l'hypocrisie ; il oublie volontiers l'objet de son mépris et
est accompagné de la sensation d'un immense éloi-
gnement entre soi et ce qu'on méprise et du désir de
s'en tenir le plus éloigné possible : « Il n'y a pas trois
jours que deux bourgeois de ma connaissance allant
donner entre eux une scène comique de petite dissi-
mulation et de demi-dispute, j'ai fait dix pas pour ne
pas entendre. J'ai horreur de ces choses-là, ce qui
m'a empêché de prendre de l'expérience. Ce qui n'est
pas un petit malheur (1). »

Pour résumer ce que nous venons de dire du mépris individualiste, nous rappellerons que l'individualiste n'est pas *a priori* un contempteur de l'humanité. Car il fait des exceptions dans la bassesse
générale. Il est seulement contempteur des groupes
et de la mentalité de groupe.

L'indifférence de l'individualiste est *réactive*,
comme son mépris. Son impassibilité est une impassibilité acquise et devenue une méthode de vie. Son
vœu est celui formulé par Leconte de Lisle :

> Heureux qui porte en soi, d'indifférence empli,
> Un impassible cœur sourd aux rumeurs humaines,
> Un gouffre enviolé de silence et d'oubli.

(1) *Vie de Henri Brulard*, p. 92.

*
* *

Après avoir décrit la sensibilité individualiste dans
quelques-uns de ses traits les plus importants, on peut
maintenant se demander chez quelle espèce de type
humain se manifeste de préférence cette sensibilité.

C'est au type *sensitif* (M. Ribot) qu'appartiennent
incontestablement la majorité des individualistes.
Exemples : Benjamin Constant, Vigny, Amiel (1),
dans la mesure où ce dernier représente la sensibilité individualiste. L'individualiste est généralement
un « sensitif supérieur » (M. Ribot), un contem-
platif, un méditatif, un adepte de l'observation sociale
et de l'analyse personnelle.

Mais la sensibilité individualiste se rencontre
aussi chez ce type mixte que M. Ribot nomme
sensitif-actif. Tel est Stendhal. Il ne borne pas son
égotisme à l'analyse personnelle. « S'il l'emploie,
écrit M. C. Strienski, c'est un moyen dont il use pour
ne pas s'égarer dans la chasse au bonheur, et
pour lui le bonheur ne consiste pas à se pro-
mener avec une langueur dolente dans l'enceinte
réduite de son moi : il n'oublie pas de vivre à se
regarder vivre. Il ne donne d'attention à son âme
qu'autant qu'il faut pour ne pas s'abuser sur ses
facultés, pour obtenir d'elles tout le service qu'elles
peuvent rendre et ne pas espérer d'elles un service

---

(1) Amiel est par certains côtés un mystique. — Il est vrai
qu'on peut regarder le mysticisme comme une espèce d'individualisme, l'individualisme religieux.

qu'elles ne sauraient fournir. Il est convaincu que
sans esprit juste il n'y a pas de bonheur possible. Il
écrit : « La vraie science, en tout, depuis l'art de
faire couver une poule d'Inde jusqu'à celui de faire
le tableau d'Atala de Girodet, consiste à examiner
avec le plus d'exactitude possible les circonstances
des faits ; » voilà cette logique stendhalienne sur
laquelle on s'est tellement mépris. Elle est, avant
tout, un instrument d'action, non de contemplation (1). Tel est l'égotisme stendhalien. — La sensibilité individualiste peut se rencontrer aussi, mais
plus rarement, chez les *actifs*, les manieurs de
grandes affaires et les meneurs d'hommes. L'action
s'accompagne chez eux d'une sorte de dilettantisme
supérieur et de détachement nietzschéen. Tel est le
portrait que M. Barrès fait de Disraeli : « Si Disraeli,
mieux qu'aucun homme, sut jouer de la société, ce
fut toujours un jeu, c'est-à-dire une action passionnée, mais désintéressée, quand même ! Poète, dandy,
ambitieux et manieur d'hommes, ce méprisant
Disraeli gardait le don de mettre chaque chose à son
plan : il ne dépendit jamais de rien (2). »

D'un autre point de vue et en se servant d'une distinction nietzschéenne reprise par M. Seillière (3),
on pourrait distinguer deux types d'individualistes
selon que prédomine en eux la sensibilité dionysiaque

(1) C. Stryienski, *Soirées du Stendhal-Club* (Avant-propos,
p. xvii).
(2) Barrès, *l'Ennemi des lois*, p. 167.
(3) E. Seillière, *Apollon ou Dionysos*.

(impulsive, passionnée, instable) ou la sensibilité apollinienne (pondérée, harmonique, réfléchie, aboutissant à un individualisme stoïque).

La sensibilité individualiste, surtout la nuance sensitive et passionnée, a été souvent qualifiée de pathologique. Cela ne signifie pas grand'chose. Car nous paraissons toujours anormaux à ceux qui ne sentent pas comme nous. La prétention d'appeler pathologique une attitude sentimentale qu'on ne partage pas est une prétention de moraliste. En dépit de l'incapacité sociale que quelques-uns (M. Seillière) (1) leur ont reprochée, les individualistes ont vécu, ils se sont tirés d'affaire à peu près comme les autres, ils ont eu leurs peines et leurs joies; comme les autres et même mieux que d'autres, ils ont extrait de leur vie tout ce qu'elle contenait de saveur, même amère, et ils sont arrivés en fin de compte au même terme. — Pourquoi les blâmer? Pourquoi les déprécier? Pourquoi les plaindre, ce qui est une façon indirecte de les déprécier?

A notre époque où la sensibilité sociable et solidariste triomphe ou sévit, comme on voudra, la sensibilité individualiste plaira par contraste. Elle plaira du moins à ceux qui aiment à cultiver l'exception, la « différence » humaine.

(1) E. Seillière, *Apollon ou Dionysos,* — et *l'Égotisme pathologique de Stendhal* (*Revue des Deux Mondes*, 1906).

II

AMITIÉ ET SOCIALITÉ

Je prends ici le mot socialité dans le sens très général que lui donnent certains auteurs qui l'ont mis à la mode (1). Socialité est ici synonyme d'association, solidarité, altruisme; il désigne le fait de se grouper, de se tasser, de s'agglomérer; il désigne encore par suite l'ensemble des sentiments auxquels ce rapprochement donne naissance dans la conscience des unités composantes.

Il nous a semblé utile d'insister un peu sur les rapports de l'amitié et de la socialité. Les effets de l'une et de l'autre ne doivent pas être confondus, bien qu'ils l'aient été quelquefois. Un exemple de cette confusion se trouve dans le livre de Sir John Lubbock : *Le bonheur de vivre*. Parlant des bienfaits de l'amitié, Sir John Lubbock reproche à Émerson de les avoir méconnus et d'avoir calomnié l'amitié. « Je ne comprends pas, dit-il, l'idée d'Émerson pour qui les hommes s'abaissent en se réunissant. » Ailleurs, du reste, il répète : « Presque tout le monde descend en s'assemblant... Toute association doit être un compromis et, ce qui est pire, la fleur même et l'arome de la fleur de chacun des beaux caractères disparaissent

(1) Par exemple M. de Roberty.

lorsqu'ils approchent l'un de l'autre. » — « Quelle triste pensée ! En est-il réellement ainsi ? Doit-il en être ainsi ? Et si cela était, les amis nous seraient-ils de quelque avantage ? J'aurais pensé, moi, que l'influence des amis était exactement inverse, que la fleur s'épa-nouirait et que ses couleurs deviendraient plus bril-lantes, stimulées par la chaleur et le soleil de l'amitié. » — Il y a ici, ce nous semble, un malentendu de la part de Sir John Lubbock qui interprète mal la pen-sée d'Émerson. Ce malentendu résulte de ce que Sir John Lubbock ne distingue pas comme il le fau-drait les effets de l'association et ceux de l'amitié. Les phrases d'Émerson, que Lubbock incrimine, ne s'appliquent nullement à l'amitié, mais à l'associa-tion, à ces « accointances superficielles » dont parle Montaigne, à ce que nous appellerons ici le groupe-ment ou la socialité. Au contraire, Émerson a insisté plus que personne sur les différences qui séparent l'amitié de l'association. Il a montré que, si l'associa-tion est trop souvent pour l'individualité une cause d'affaiblissement, l'amitié, cette mystérieuse affinité des âmes, exalte et vivifie ce qu'il y a de plus intime et de plus précieux en elle. Autant Émerson envisage l'association sous un angle pessimiste, autant il exalte l'amitié et son action sur les âmes.

« Il est un observateur bien épais, dit-il, celui-là à qui l'expérience n'a pas appris à croire à la force et à la réalité de cette magie aussi réelle, aussi inéluc-table que les lois de la chimie... Un homme fixe les yeux sur vous, et les tombes de la mémoire rendent

leurs morts, ensevelis là ; il faut que vous livriez les
secrets que vous êtes malheureux de garder ou de
trahir. Un autre survient, vous ne pouvez plus parler,
et vos os semblent avoir perdu leurs cartilages ;
l'entrée d'un ami nous donne de la grâce, de la har-
diesse ou de l'éloquence ; et certaines personnes
s'imposent à notre souvenir par l'expansion trans-
cendante qu'elles ont donnée à notre pensée et par la
nouvelle vie qu'elles ont allumée dans notre sein.

« Qu'y a-t-il de meilleur que d'étroites relations
d'amitié, quand elles ont pour base ces racines pro-
fondes ? La possibilité de joyeuses relations entre
quelques hommes est une réponse suffisante au scep-
tique qui doute des facultés et des forces humaines...
Je ne sais ce que la vie peut offrir de plus satisfai-
sant que cette entente profonde qui subsiste, après
de nombreux échanges de bons offices, entre deux
hommes vertueux, dont chacun est sûr de lui-même
et sûr de son ami. C'est un bonheur qui ferait ajour-
ner tous les autres plaisirs et qui fait bon marché de
la politique, du commerce et des églises. Car, lorsque
les hommes s'assemblent comme ils devraient le
faire, chacun d'eux bienfaiteur, pluie d'étoiles, habillé
de pensées, d'actes, de talents, cette réunion serait
la fête de la Nature (1)... »

La différence des effets de la socialité et de l'amitié
s'explique par leur différence de nature.

Autre chose est l'association ou socialité, lien

____

(1) Émerson, *Sept Essais*, traduits par J. Will, p. 200.

vague, anonyme, extérieur à l'individu ; autre chose
est l'amitié, lien sympathique entre deux individus
que rapprochent d'intimes affinités de sensibilité ou
d'intellectualité.

Il y a dans toute société quelque chose d'imposé et
d'artificiel. Qu'elle soit accidentelle ou permanente, et
quelles que soient les causes qui lui ont donné naissance (intérêt, contrainte, coutume, tradition, éducation, etc.), une société est un milieu intellectuel et
moral qui s'impose à l'individu et qui exerce plus ou
moins despotiquement son action sur lui. Une société, quelle qu'elle soit, tient peu de compte de la
spontanéité de l'individu et la traite même en ennemie. L'amitié est au contraire un sentiment essentiellement spontané. Qu'elle se noue d'un choc et par
une sorte de coup de foudre, comme l'amitié de Montaigne et de La Boétie, ou qu'elle se forme lentement
sous l'action du temps et de l'absence, par une sorte
de cristallisation analogue à celle qui se trouve
décrite dans les premières pages de *Dominique*,
l'amitié semble jaillir du fond même des êtres qu'elle
unit. « D'un germe imperceptible, d'un lien inaperçu,
d'un *adieu, monsieur*, qui ne devait pas avoir de lendemain, elle (l'absence) compose avec des riens,
en les tissant je ne sais comment, une de ces
trames vigoureuses sur lesquelles deux amitiés
viriles peuvent très bien se reposer pour le reste de
leur vie, car ces attaches-là sont de toute durée. Les
chaînes composées de la sorte à notre insu, avec la
substance la plus pure et la plus vivace de nos senti-

ments, par cette mystérieuse ouvrière, sont comme
un insaisissable rayon qui va de l'un à l'autre et ne
craignent plus rien, ni des distances, ni du temps. Le
temps les fortifie, la distance peut les prolonger
indéfiniment sans les rompre. Le regret n'est, en
pareil cas, que le mouvement un peu plus rude de
ces fils invisibles attachés dans les profondeurs
du cœur et de l'esprit et dont l'extrême tension fait
souffrir. Une année se passe. On s'est quitté sans se
dire au revoir ; on se retrouve, et pendant ce temps
l'amitié a fait en nous de tels progrès que toutes les
barrières sont tombées, toutes les précautions ont
disparu. Ce long intervalle de douze mois, grand
espace de vie et d'oubli, n'a pas contenu un seul jour
inutile, et ces douze mois vous ont donné tout à coup
le besoin mutuel des confidences, avec le droit plus
surprenant encore de vous confier (1). »

Émerson a bien rendu, lui aussi, ce caractère spontané de l'amitié. « Faut-il chercher l'ami si impatiem-
ment ? Si nous sommes apparentés, de quelque
façon, nous nous rencontrerons. Dans le monde
ancien, il était de tradition qu'aucune métamorphose
ne pouvait cacher un dieu à un autre dieu, et un vers
grec dit : Les dieux ne sont pas inconnus les uns aux
autres. Les amis aussi suivent les lois de la divine
nécessité ; ils gravitent l'un vers l'autre et ne peuvent
faire autrement. »

Spontané, ce lien est par là même souverainement

(1) *Dominique*, Paris, 1863, p. 21-22.

libre. Il ne ressemble en rien aux petites servitudes con-
ventionnelles, aux assujettissements qui composent la
tactique sociale et qui s'adressent aux côtés les plus su-
perficiels de l'individu. « Ces relations, dit Émerson, ne
sont pas arbitraires, elles sont consenties. Il faut que
les dieux s'asseyent sans sénéchal dans notre Olympe
et s'y installent par une divine supériorité. La
société est gâtée s'il faut prendre des peines pour la
rassembler, s'il faut réunir des hôtes trop éloignés,
trop dissemblables. Une telle réunion n'est qu'un
bavardage, une contorsion malfaisante, vile, dégra-
dante, fût-elle même composée des meilleurs esprits.
Chacun rentre ce qu'il a de meilleur, et tous les
défauts sont mis en état de pénible activité, comme
si les Olympiens se réunissaient pour échanger leurs
tabatières (1). »

La platitude de ces relations n'offre même pas la
caricature de l'amitié et n'en présente que le repous-
soir. Sir John Lubbock lui-même, malgré le malentendu que nous avons signalé, marque la distinction
qu'il faut faire entre amitié et socialité. « Il est bien
sans doute, dit-il, d'être courtois et attentionné envers
chacun de ceux avec qui nous sommes en rapport ; mais les prendre pour amis est autre chose.
Quelques-uns semblent faire d'un homme leur ami
ou tentent de le faire, parce qu'il est leur voisin,
parce qu'il est dans les mêmes affaires, parce qu'il
voyage sur la même ligne de chemin de fer. On ne

_____

(1) Émerson, *Essais*, p. 201.

pourrait commettre de plus grosse faute. Ceux-là
sont seulement, comme le dit Plutarque, les idoles
et les simulacres de l'amitié (1). »

L'amitié est un sentiment essentiellement particu-
lariste, exclusif et par là même, jusqu'à un certain
point, antisocial. Ce délicat contact des âmes a horreur des promiscuités grégaires. Toute intervention
de l'esprit de troupeau lui porte atteinte et le fait
cesser. J'ai souvent remarqué que, dans un entretien
où s'était établie cette délicate communication entre
deux intelligences et deux sensibilités, la venue d'une
tierce personne suffisait pour rompre le charme et
faire évanouir le mystérieux courant sympathique. La
conversation prend de suite un tour banal et retombe
aux vulgarités des communes accointances. Dès que
ce tiers est entré en scène, tout s'est amoindri et en-
laidi. Il y a place maintenant pour la raillerie, pour
la médisance et la méchanceté, pour les alarmes de
la vanité, pour l'hostilité toujours en éveil dans les
cœurs. Deux se mettent contre un. Il y a déjà là un
commencement de coalition grégaire. Il y a une
possibilité de défiance, de dénigrement et de moquerie. Il y a déjà le germe de toute la socialité. Sainte-
Beuve a admirablement rendu ce qu'a d'angoissant
cette rupture soudaine des mystérieuses affinités qui
s'établissent pour un instant privilégié entre quelques
âmes d'élite. « Je compris que quelque chose s'accom-
plissait en ce moment, se dénouait dans ma vie ;

(1) Sir John Lubbock, *Le bonheur de vivre*, p. 94 (Paris,
Félix Alcan).

qu'une conjonction d'étoiles s'opérait sur ma tête ;
que ce n'était pas vainement qu'à cette heure, en cet
endroit réservé, trois êtres qui s'étaient manqués
jusque-là et qui sans. doute ne devaient jamais se
retrouver ensemble, resserraient leur cercle autour de
moi. Quel changement s'introduisit par cette venue
de Mᵐᵉ R... ! Oh ! ce qu'on se disait continua d'être
bien simple et en apparence affectueux. Pour moi,
en qui toutes vibrations aboutissaient, il m'était
clair que les deux premières âmes de sœurs s'éloi-
gnèrent avec un frémissement de colombes blessées
sitôt que la troisième survint ; que cette troisième se sentit à la gêne aussi et tremblante, quoique
légèrement agressive; il me parut que la pieuse
union du concert ébauché fit place à une discordance,
à un tiraillement pénible et que nous nous mîmes, tous
les quatre, à palpiter et à saigner (1). » A vrai dire,
ces subtiles nuances de sentiment n'appartiennent
pas en propre à l'amitié ; elles peuvent être engendrées
par d'autres sentiments, l'amour par exemple ; elles
sont si complexes que tous les sentiments et toutes
les puissances de l'âme semblent y entrer. Quoi qu'il
en soit, il est certain que l'amitié présente un type
accompli et fréquent de ces intimes communications
spirituelles.

Ces caractères : spontanéité, liberté, intimité profonde, font de l'amitié un sentiment essentiellement
individualiste. — Individualiste, l'amitié l'est en ce

(1) Sainte-Beuve, *Volupté*, p. 267.

qu'elle fait appel à ce qu'il y a de plus individuel
dans la personnalité, en ce qu'elle est fondée sur les
qualités les plus intimes et sur les affinités individuelles (parfois aussi sur les contrastes) les plus pro-
fondes. On oppose l'amitié à l'égoïsme, et on a raison ;
car il y a un certain égoïsme plat et vulgaire qui est
l'ennemi né de l'amitié. Mais, d'autre part, l'amitié ne
va pas sans un intense sentiment de l'individualité,
sans une originalité bien tranchée des deux moi en
présence, sous un certain égoïsme supérieur qui
s'abstrait de la banale sympathie ambiante et qui va
chercher l'être qui lui donnera la réplique, qui le com-
plétera, le stimulera et l'exaltera. Stirner a raison
de dire en ce sens que c'est l'égoïste qui est le plus
capable d'amitié. Au contraire, le banal altruiste
enveloppe tous les hommes dans sa sympathie ; mais
il est incapable de s'attacher à ce qu'il y a d'intime et
de précieux dans une individualité. Dans l'amitié la
plus étroite, les deux moi restent en présence, bien
distincts, à la fois liés et opposés l'un à l'autre.
Montaigne, il est vrai, parle de cette amitié dans
laquelle « les accointances et familiarités se mêlent
et se confondent l'une en l'autre d'un mélange si
universel qu'elles s'effacent et ne retrouvent plus la
couture qui les a jointes (1) ». — Mais, selon nous,
Nietzsche n'a pas été moins perspicace quand il a
relevé ce germe de lutte qui subsiste dans l'amitié et
qui est pour elle en quelque sorte ce que la lutte des

_____

(1) Montaigne, *Essais*, livre II, chap. xxvii.

sexes est pour l'amour. « Il faut honorer l'ennemi
dans l'ami... Peux-tu t'approcher de ton ami sans
passer à son bord ? — En son ami, on doit voir son
meilleur ennemi. — C'est quand tu luttes contre lui
que tu dois être le plus près de son cœur... (1). »
Jusque dans l'amitié et peut-être surtout dans l'amitié se manifeste l'intime volonté de puissance de
l'individu avec l'inconscient ascendant qu'elle exerce
sur son entourage. « Je l'aimais, dit Amaury dans
Volupté, en parlant de la forte personnalité du comte
de Couaen, je l'aimais d'une amitié d'autant plus
profonde et nouée que nos natures et nos âges étaient
moins semblables. Absent, cet homme énergique eut
toujours une large part de moi-même ; je lui laissai
dans le fond du cœur un lambeau saignant du mien,
comme Milon laissa de ses membres dans un chêne.
Et j'emportai aussi des éclats de son cœur dans ma
chair (2). »

Ce côté *lutte* qui se rencontre dans l'amitié la
plus étroite et la plus profonde exclut toutefois la
défiance, ce sentiment caractéristique de la sociabilité ordi..aire, et se concilie avec la plus noble confiance en l'ami. Les hommes en société rappellent
toujours ce troupeau de porcs-épics dont parle Schopenhauer, qui se serrent les uns contre les autres par
crainte du froid, mais qui se défient toujours de leurs
piquants. Au contraire, l'amitié, par l'absolue confiance des cœurs amis, s'oppose à ces accointances

(1) Nietzsche, *Zarathoustra*, éd. du *Mercure de France*, p. 77.
(2) Sainte-Beuve, *Volupté*, p. 264.

grégaires : la politesse et les belles manières, qui ne sont, suivant la remarque du même philosophe, qu'un compromis entre le besoin de sociabilité et la défiance naturelle à des êtres qui ont de si nombreuses qualités repoussantes et insupportables.

L'amitié, sentiment individualiste, est par là même un sentiment électif et aristocratique :

> Je veux qu'on me distingue, et pour le trancher net
> L'ami du genre humain n'est pas du tout mon fait.

dit Alceste à Philinte qui aime tous les hommes et qui est l'être sociable par excellence. Au contraire l'âme discrète, haute et réservée d'Alceste est faite pour comprendre la véritable amitié.

Élective et aristocratique, l'amitié est un sentiment de luxe. Elle demande des âmes d'une trempe spéciale, d'un métal particulièrement robuste, délicat et vibrant. Dans une civilisation avancée, elle requiert peut-être, pour prendre son plein épanouissement, une culture supérieure de l'intelligence et de la sensibilité. M. de Roberty regarde avec raison l'amitié comme un art (1). L'amitié est en effet, comme l'art, un luxe ; comme l'art aussi elle implique un choix ; elle distingue son objet et veut aussi être distinguée. Or le plaisir de se distinguer ou d'être distingué est au fond de toute beauté et de toute manifestation de la beauté. La politesse, ce que Schopenhauer appelle les « belles manières » sont

(1) Voir le *Nouveau programme de Sociologie*, Paris, Félix Alcan, 1904, p. 117 et 199.

la menue monnaie de l'altruisme. L'amitié est faite
de la substance la plus précieuse des âmes qu'elle
unit ; elle est le culte de la belle individualité.

L'amitié est un principe d'individualisation ; par là
elle est un principe d'aristocratisation. Par là encore,
elle s'oppose à la socialité dont les tendances vont
au conformisme et au nivellement, à la stagnation
des intelligences et des sensibilités.

Les différences qui séparent l'amitié et la socialité
vont jusqu'à établir entre elles une véritable antinomie, qui n'est d'ailleurs qu'un des aspects de l'antinomie foncière qui semble exister entre l'individu
et la société.

Sur tous les domaines de l'activité humaine, la
société s'efforce de réduire, d'absorber, de mater l'individualité. Nous avons dit plus haut que ces délicates et intimes communications d'âmes que sont les
affections électives sont vite flétries par les courants
grégaires.

Il y a plus. On peut dire que les sociétés organisées,
groupe, clan ou corps, voient d'un œil jaloux et
tiennent en suspicion plus ou moins ouverte de tels
sentiments, précisément parce qu'ils sont particula-
ristes, électifs, individuels. M. de Roberty se trompe
selon nous quand il semble croire (1) que la sociabilité
et les sentiments électifs comme l'amitié et l'amour
procèdent d'une même source et qu'ils se corro-
borent l'un l'autre. La vérité est qu'ils se contrarient

(1) *Nouveau programme de Sociologie*, Paris, Félix Alcan,
1904, p. 124.

et se combattent. La société a toujours eu une tendance à réglementer l'amour et à surveiller l'amitié.
L'esprit social ou grégaire ne tolère pas les affections
privées qu'autant qu'elles se subordonnent à lui. Il lui
semble que l'individu dérobe quelque chose à la
société quand il trouve sa force et sa joie dans un
sentiment qui échappe à la réglementation sociale.
Il lui semble qu'il y a là un égoïsme condamnable,
un vol fait à la société.

Voyez les gens imbus de l'esprit de corps, de clan,
de groupe. Leurs amitiés, si on peut parler ici
d'amitié, ne sont qu'un aspect et une dépendance de
l'esprit de corps. Il y a ici camaraderie, relations de
collègue à collègue, et c'est tout. Tant que l'homme
dont ils se disent l'ami est bien vu dans le groupe,
tant qu'il ne commet rien contre la discipline ou
l'étiquette du groupe, les bonnes relations se maintiennent. Mais supposez qu'une circonstance place
leur ami en conflit avec le groupe ; supposez qu'une
de ses paroles ou un de ses actes ait choqué d'une
manière ostensible le code admis par la société ;
aussitôt c'en est fait de l'amitié. Un roman récent (1),
d'ailleurs sans grande valeur psychologique, donne
une intéressante peinture de la camaraderie qui
règne dans un corps et qui non seulement diffère de
l'amitié, mais encore étouffe toute véritable amitié.
C'est, dit l'auteur, « un état d'isolement réel, entouré
d'hommes avec lesquels les relations ne doivent

_____

(1) Bilse, *Petite garnison.*

jamais dépasser les limites des rapports de cérémo-
nie et dont l'attention perpétuellement à l'affût ne
cherche qu'à découvrir chez des camarades le point
faible dont ils pourraient tirer parti. Voilà ce qu'on
appelle la camaraderie, la fameuse camaraderie si
vantée dans l'armée. — Vivre réunis dans les mêmes
conditions, être contraints de se fréquenter conti-
nuellement, de sortir de compagnie, d'observer les
uns vis-à-vis des autres les formes extérieures d'une
élégante politesse, paraître ensemble au service, au
casino et dans tous les établissements possibles, voilà
ce qu'on entendait par la camaraderie... Mais que fai-
sait-on du besoin d'intimité des sentiments, de cor-
dialité réciproque et de l'affection qui doit porter
chacun à aider son voisin, sans jamais chercher à lui
nuire et à lui jouer de mauvais tours ? A ce point de
vue, il devenait dérisoire, ce beau mot de « camaraderie », et combien vide de sens !... » La camaraderie
n'est qu'une forme de l'esprit de caste, avec ses exigences, ses ostracismes, ses jalousies, ses défiances et
ses susceptibilités ombrageuses. — Au fond de toute
camaraderie, de toute sociabilité grégaire se trouve un
sentiment commun et fondamental : la peur. Peur de
l'isolement ; peur du groupe et de ses sanctions ; peur
de l'imprévu. Contre cet imprévu, contre les hosti-
lités possibles, on cherche un recours dans le voisin :
« on se serre les coudes », suivant l'expression courante
qui exprime si bien ce besoin de sociabilité veule et
peureuse. Maupassant note cette « jalousie soupçon-
neuse, contrôleuse, cramponnante des êtres qui se

sont rencontrés et qui se croient enchaînés l'un à l'autre (1)... ». Dans un corps de fonctionnaires, ce besoin de sociabilité veule est dominé par la crainte de la délation, de la mauvaise note. Qu'on se rappelle dans le roman de Vergniol : *l'Enlisement*, les fonctionnaires du chef-lieu fréquentant le cercle bien pensant et bien noté où « la Préfecture aimait à les voir entrer pour les surveiller en bloc ».

L'amitié, sentiment individualiste, ignore ces calculs peureux et ces associations de lâchetés. Dans l'amitié, l'intime pénétration des individualités exclut cette duperie collective, ce mensonge mutuel qui est la loi de toute vie sociale et qui fait que l'individu croit n'être rien sans les autres. Émerson se moque avec raison de cette illusion destructive de l'individualité. « Notre dépendance de l'opinion, dit-il, nous conduit à un respect servile du grand nombre. Les partis politiques se retrouvent à des réunions nombreuses. Plus le concours de monde est grand, — à chaque nouvelle bannière annonçant la société d'une autre ville, le jeune patriote se sent plus fort de ces milliers de têtes et de bras. »

C'est pourquoi ce n'est pas seulement avec la camaraderie, c'est avec toutes les formes de solidarité que l'amitié se trouve en rapport antinomique.

La solidarité est un sentiment anti-individualiste. L'homme qui agit sous l'empire de la solidarité compte pour peu de chose l'individu en tant que tel.

(1) Maupassant, *Sur l'eau.*

Les sentiments solidaristes sont des sentiments ano-
nymes, impersonnels, abstraits, c'est-à-dire que ce
ne sont pas des sentiments. Le type de ces pseudo-
sentiments, ce sont ces sentiments qui font qu'on
ouvre son cœur à une corporation tout entière. Ces
sentiments sont le triomphe du poncif, du banal, de
l'officiel et du faux. Ce sont les sentiments que
peut éprouver un préfet, par exemple, pour une
société de gymnastique ou pour une fanfare qu'il est
en train de haranguer, pour un comice agricole ou
un comité politique qu'il préside ou qu'il reçoit. Tout
sentiment qui a pour objet un troupeau humain est
forcément superficiel, à fleur d'âme, pour ainsi dire.
Il perd en profondeur ce qu'il gagne en étendue.

La solidarité trouve son expression la plus abstraite
dans l'amour de l'humanité, dans ce qu'on appelle
maintenant d'un mot que la critique de Stirner a
vulgarisé : l'humanisme. — L'humanisme s'opposera
donc à l'amitié de la même manière et pour les mêmes
raisons que la solidarité.

Comme cette dernière, l'humanisme est anti-individualiste. L'humanisme est le culte de l'homme en
général, de l'espèce homme. Mais l'humanisme hait
l'individu. Il ne le connaît que pour le honnir. On
peut appliquer à l'humanisme ce que Stirner dit de
l'amour chrétien du Pur-Esprit. « Aimer l'individu
humain, en chair et en os, ne serait plus un amour « spirituel », ce serait une trahison envers l'amour « pur ».
Ne confondez pas en effet avec l'amour pur cette cor-
dialité qui sert amicalement la main à chacun ; il

en est précisément le contraire, il ne se livre en
toute sincérité à personne, il n'est qu'une sympathie
toute théorique, un intérêt qui s'attache à l'homme
en tant qu'homme et non en tant que personne.
La personne est indigne de cet amour, parce ce
qu'elle est égoïste, qu'elle n'est pas l'Homme, l'idée
à laquelle seule peut s'attacher l'intérêt spirituel.
Les hommes comme vous et moi ne fournissent à
l'amour pur qu'un sujet de critique, de raillerie et
de radical mépris ; ils ne sont pour lui, comme pour
le prêtre fanatique, que de l' « ordure », et pis encore (1). » C'est ainsi que l'humanisme spiritualise
la sympathie, qu'il la détache de l'individu, en un mot
qu'il la désindividualise. L'humanisme est une inva-
sion de l'esprit prêtre sur le terrain du sentiment.
C'est une spiritualisation de l'amour. C'est la froideur
glaciale du règne de l'Esprit. C'est la dureté de cœur
du prêtre ou de la nonne qui n'ont d'affection pour
rien, hormis Dieu.

C'est en vertu de ce grand principe de l'humanisme
que l'individu en tant que tel est en suspicion et en
haine à ces grandes collectivités qui s'érigent en
autorités morales supérieures et qui prétendent l'an-
nihiler et l'absorber : la Société, l'État, etc. Elles
cherchent à détruire autant que possible les relations
privées d'homme à homme, ce que Stirner appelle le
libre « commerce » des individus, par opposition à
la société. — Autre chose en effet est le libre com-

(1) Stirner, *l'Unique et sa propriété*, p. 27

merce d'individu à individu, commerce égoïste,
soustrait à la réglementation sociale, commerce où
les individus n'engagent qu'eux-mêmes, comme ils
veulent, quand ils veulent, pour le temps qu'ils
veulent ; autre chose est la société, qui est une cristallisation des relations sociales, cristallisation qui
fixe l'individu dans une forme géométrique donnée,
définitive, immuable, identique pour tous les cris-
taux intégrants qui sont les membres de l'association.
La société s'oppose autant qu'elle le peut au libre
commerce des individus. La société ressemble à une
prison dans laquelle les prisonniers ne doivent pas
communiquer entre eux. « Les prisonniers, dit Stirner, ne peuvent entrer en relations entre eux que
comme prisonniers, c'est-à-dire autant seulement
que les règlements de la prison l'autorisent ; mais
qu'ils commercent d'eux-mêmes, entre eux, c'est ce
que la prison ne peut permettre. Au contraire, elle
doit veiller à ce que des relations égoïstes, purement
personnelles, ne s'établissent. — Que nous exécutions
en commun un travail, que nous fassions ensemble
manœuvrer une machine, la prison s'y prête bien volontiers. Mais que j'oublie que je suis un prisonnier et
que je lie commerce avec toi qui l'oublies aussi,
voilà qui met la prison en danger ; il ne faut pas que
cela se fasse : il ne faut pas que cela soit permis. »

L'amitié peut être regardée comme le type de
ces sentiments spontanés et individuels, de ce
libre commerce des « Uniques » dont parle Stirner.
« Moi aussi, j'aime les hommes, dit-il, mais je les

aime avec la conscience de l'égoïsme. Je les aime
parce que l'amour me fait heureux, j'aime parce
qu'aimer m'est naturel, me plaît. Je ne suis pas phi-
lanthrope comme le Rodolphe des *Mystères de Paris*,
le prince philistin, magnanime et vertueux, qui rêve
le supplice des méchants, parce que les méchants le
révoltent (1)... »

Les êtres les plus épris d'isolement, les plus repliés
sur eux-mêmes, les plus ombrageux, les plus rétifs
en face du joug social, ont senti le plus vivement
l'amitié. Le solitaire Obermann écrit à un ami : « Vous
êtes le point où j'aime à me reposer dans l'inquiétude
qui m'égare, où j'aime à revenir lorsque j'ai parcouru
toutes choses et que je me suis trouvé seul dans le
monde (2). » Plus d'une fois il fait ressortir le contraste entre l'horreur que lui inspire la vie sociale et
la douce intimité de l'amitié.

L'égotiste asocial ou antisocial est très capable
d'amitié. Autant l'humanisme est froid, sec, indifférent ou hostile à l'individu et aux affections et aux
intérêts individuels, autant l'individualisme négateur
des entités sociales est affectueux, cordial, amical
vis-à-vis des individus. Il ouvre les cœurs à la libre
sympathie d'individu à individu qu'il place dans une
sphère supérieure aux abstractions humanitaires et
aux égards conventionnels de la sociabilité courante.

(1) Stirner, *l'Unique et sa propriété*.
(2) Obermann, *Lettre IV*.

III

L'IRONIE

L'ironie est une attitude de pensée qui relève à la fois de la psychologie individuelle et de la psychologie sociale. — De la dernière, il est vrai, moins directement que de la première.

Car l'ironie est, par ses origines, un sentiment plutôt individualiste. Elle est telle du moins en ce sens qu'elle requiert certaines dispositions individuelles de nature spéciale et en ce sens aussi qu'elle semble jaillir du fond le plus intime de la personnalité.

Cela est si vrai que l'ironie devient difficilement un sentiment collectif, et on peut remarquer qu'elle n'est guère goûtée, ni même comprise par les foules et par les collectivités. — D'autre part, l'ironie n'est pas non plus un sentiment proprement social par son objet. Car l'ironie peut s'appliquer à d'autres objets et s'exercer sur d'autres thèmes que la vie sociale. On peut ironiser sur soi-même, sur la nature, sur Dieu. L'ironie a devant elle un domaine infini, et on peut dire qu'elle s'étend à la réalité universelle.

Toutefois, comme la société est pour l'homme un milieu nécessaire, incessant et inévitable, il est naturel que ceux qui ont un penchant à l'ironie dirigent de préférence leur regard sur ce qui les

touche de plus près, c'est-à-dire sur la société de
leurs semblables. C'est sur la vie sociale, sur ses
travers, ses ridicules, ses contradictions, ses étran-
getés et ses anomalies de toute sorte, que s'est
exercée de tout temps la verve des grands ironistes.
On pourrait trouver chez les observateurs, les théoriciens et les peintres de la vie sociale toutes les
formes et toutes les nuances de l'ironie : soit l'ironie
misanthropique et méchante d'un Swift, soit l'ironie
scientifique et métaphysique d'un Proudhon, soit
l'ironie tempérée de sourire et d'indulgence d'un
Thackeray ou d'un Anatole France.

Dans ce milieu complexe, ondoyant, déconcertant
et menteur qu'est le monde social, l'ironie se déploie
comme sur sa terre d'élection.

Elle est une des principales attitudes possibles de
l'individu devant la société; elle est en tous cas une
des plus intéressantes. Elle voisine avec d'autres attitudes de pensée qui lui ressemblent sans se confondre
avec elle : scepticisme social, pessimisme social,
dilettantisme social ou disposition à envisager et à
traiter la vie sociale comme un jeu, comme un spectacle tragique ou comique, comme un mirage amu-
sant, troublant et décevant, dont on jouit esthéti-
quement sans le prendre au sérieux.

C'est comme attitude de l'individu devant la
société que l'ironie intéresse le psychologue social.
Il importe toutefois, avant d'examiner les causes
sociales de l'ironie ou les applications qu'on en peut
faire au spectacle de la société, de dire un mot des

conditions psychologiques générales qui l'engendrent
ou qui la déterminent.

*
* *

Si l'on cherche le principe générateur de l'ironie,
il semble qu'on le rencontre dans une sorte de dualisme qui peut revêtir différentes formes et donner
lieu à diverses antinomies. C'est tantôt le dualisme
de la pensée et de l'action ; tantôt celui de l'idéal et
du réel ; tantôt celui de l'intelligence et du sentiment ; tantôt celui de la pensée abstraite et de l'intuition.

Ce dernier dualisme forme, comme on sait, d'après
Schopenhauer, le fond même de l'explication du
ridicule. — On sait que, suivant Schopenhauer, ce
qui provoque le rire, c'est une incompatibilité inat-
tendue entre l'idée préconçue (abstraite) que nous
nous faisons d'une chose et l'aspect réel que nous
montre soudain cette chose et qui ne répond nullement à l'idée que nous nous en étions faite. — Le
problème de l'Ironie reçoit quelque lumière de cette
explication du rire. « Quand un autre rit de ce
que nous faisons ou disons sérieusement, nous en
sommes vivement blessés, parce que ce rire implique
qu'entre nos concepts et la réalité objective il y a un
désaccord formidable. C'est pour la même raison que
l'épithète « ridicule » est offensante. Le rire ironique
proprement dit semble annoncer triomphalement à
l'adversaire vaincu combien les concepts qu'il avait
caressés sont en contradiction avec la réalité qui se

révèle maintenant à lui. Le rire amer qui nous
échappe à nous-mêmes quand nous est dévoilée une
vérité terrible qui met à néant nos espérances les
mieux fondées est la vive expression du désaccord
que nous reconnaissons à ce moment entre les
pensées que nous avait inspirées une sotte confiance
aux hommes ou à la fortune et la réalité qui est là
devant nous (1). »

Ainsi le rire et l'ironie auraient une même source.
Mais d'où vient que le rire est gai, tandis que l'ironie
est plutôt douloureuse ? Schopenhauer a bien expliqué
la raison de l'élément de gaîté inclus dans le rire ;
mais il n'a pas insisté sur l'élément de douleur et
même d'angoisse qui se glisse souvent dans l'ironie.
« En général, dit Schopenhauer, le rire est un état
plaisant. L'aperception de l'incompatibilité de l'intuition et de la pensée nous fait plaisir, et nous nous
abandonnons volontiers à la secousse nerveuse que
produit cette aperception. Voici la raison de ce
plaisir. De ce conflit qui surgit soudain entre l'in-
tuitif et ce qui est pensé, l'intuition sort toujours
victorieuse ; car elle n'est pas soumise à l'erreur, n'a
pas besoin d'une confirmation extérieure à elle-même,
mais est sa garantie propre. Ce conflit a en dernier
ressort pour cause que la pensée, avec ses concepts
abstraits, ne saurait descendre à la diversité infinie
et à la variété des nuances de l'intuition. C'est ce
triomphe de l'intuition sur la pensée qui nous

(1) Schopenhauer, *le Monde comme volonté*, éd. F. Alcan,
t. II, p. 233.

réjouit. Car l'intuition est la connaissance primitive, inséparable de la nature animale ; en elle se représente tout ce qui donne à la volonté satisfaction immédiate ; elle est le centre du prése. , de la jouissance et de la joie, et jamais elle ne comporte d'effort pénible. Le contraire est vrai de la pensée : c'est la deuxième puissance du connaître ; l'exercice en demande toujours quelque application, souvent un effort considérable ; ce sont ses concepts qui s'opposent fréquemment à la satisfaction de nos vœux, car, résumant le passé, anticipant l'avenir, pleins d'enseignement sérieux, ils mettent en mouvement nos craintes, nos remords et nos soucis. Aussi devons-nous être tous heureux de voir prendre en défaut cette raison, gouvernante sévère et infatigable jusqu'à en devenir importune. Et il est naturel que la physionomie du visage, produite par le rire, soit sensiblement la même que celle qui accompagne la joie (1). »

L'explication de Schopenhauer est exacte, mais incomplète en ce qui concerne l'ironie.

Ce qui fait la gaîté du rire, dit Schopenhauer, c'est la revanche de l'intuition sur la notion abstraite.

Mais l'ironie qui renferme quelque chose de douloureux n'est-elle pas caractérisée par la même défaite de la notion ? — Sans doute, et c'est là précisément ce qui la rend douloureuse. Mais il importe d'en bien marquer la raison, qui, selon nous, est la suivante :

(1) Schopenhauer, *le Monde comme volonté*, éd. F. Alcan, t. II, p. 232.

en tant qu'êtres pensants, la défaite de la pensée, de
la raison, nous est pénible. Nous ne pouvons, quoique
nous en ayons, nous dépouiller de notre raison, et
nous ne pouvons, sans inquiétude et sans souffrance,
la voir convaincue de fausseté et de myopie. De
plus, notre raison est, par essence, optimiste: naïve-
ment optimiste, confiante en elle-même et dans la
vie. Il nous est cruel de voir cet optimisme brutalement démenti par les *argumenta baculina* de l'expérience; et c'est là la source de l'élément d'inquiétude
et de tristesse qui entre dans l'ironie, dans celle du
moins qui s'applique à nous-mêmes et à notre propre
sort. — Ajoutons que la raison n'a pas seulement un
usage théorique; elle a un usage pratique; elle nous
sert d'arme dans la lutte pour la vie, et il est inquié-
tant pour nous de reconnaître que cette arme est
d'une mauvaise trempe et sujette à se fausser. — On
voit que la source de l'ironie est, comme celle du
rire, dans cette dualité de notre nature. Elle provient
de ce que nous sommes à la fois des êtres intuitifs
qui sentent et des êtres intelligents qui raisonnent.
Nous prenons pied alternativement et suivant
l'heure, dans chacune de ces deux parties de notre
nature, ce qui nous invite alternativement et suivant
le point de vue à fêter la défaite de notre raison
(comme dans le rire) ou de contempler cette défaite
avec angoisse (comme dans l'ironie). Car, au fond,
quand nous fêtons la défaite de la raison, c'est la
défaite de nous-mêmes que nous fêtons. Et c'est
pourquoi l'ironie, qui est proche parente de la tris-

tesse et qui renferme quelque chose de douloureux et de tragique, est un sentiment plus profond et plus conforme à notre nature que le rire. Ce dernier se teinte lui-même de mélancolie et devient le rire amer dont parle Schopenhauer quand il se moque de notre propre détresse. — Quant à la distinction faite par Schopenhauer entre l'ironie et l'humour, l'une objective (tournée contre autrui), l'autre (l'humour) appliqué à soi-même, nous la croyons simplement verbale. La vérité est que l'ironie peut s'appliquer à soi-même aussi bien qu'à autrui. L'ironie de H. Heine est un jeu perpétuel de sa propre détresse. L'exemple le plus parfait de cette ironie sur soi-même est le passage célèbre où l'auteur de l'*Intermezzo* raconte comment, autrefois, dans sa période de belle santé, il s'était cru Dieu ; mais comment aujourd'hui, sur son lit de maladie et de souffrance, il ne se divinise plus du tout, mais il fait au contraire amende honorable à Dieu et a grand besoin « d'avoir quelqu'un dans le ciel à qui il puisse adresser ses gémissements et ses lamentations pendant la nuit, quand sa femme est couchée ».

* *

Le conflit entre la notion abstraite et l'intuition n'est qu'un des aspects du dualisme dans lequel l'ironie prend sa racine. Le dédoublement de la pensée et de l'action, de l'idéal et du réel, tient de près au précédent et n'est pas moins mystérieux ni moins troublant. N'est-ce pas, en effet, une étrange

condition que celle d'un être qui est capable de se
dédoubler en acteur et en spectateur dans le drame
de la vie, qui s'élance vers les hauteurs de l'idéal
pour retomber l'instant d'après dans les servitudes
et les petitesses de la vie réelle? Ce sont ces « con-
trariétés » de notre nature qui avaient conduit
Pascal à installer un ironisme transcendant au cœur
de la philosophie. Amiel voit aussi dans ce dédoublement, dans cette *Doppelgängerei*, une source d'ironie.
« Mon privilège, dit-il, c'est d'assister au drame de
ma vie, d'avoir conscience de la tragi-comédie de
ma propre destinée, et plus que cela d'avoir le secret
du tragi-comique, c'est-à-dire de ne pouvoir prendre
mes illusions au sérieux, de me voir pour ainsi dire
de la salle sur la scène, d'outre-tombe dans l'existence, et de devoir feindre un intérêt particulier pour
mon rôle individuel, tandis que je vis dans la confi-
dence du poète qui se joue de tous ces agents si
importants, et qui sait tout ce qu'ils ne savent pas.
C'est une position bizarre, et qui devient cruelle
quand la douleur m'oblige à rentrer dans mon petit
rôle, auquel elle me lie authentiquement et m'avertit
que je m'émancipe trop en me croyant, après mes
causeries avec le poète, dispensé de reprendre mon
modeste emploi de valet dans la pièce. — Shakes-
peare a dû éprouver souvent ce sentiment, et
Hamlet, je crois, doit l'exprimer quelque part. C'est
une *Doppelgängerei* tout allemande et qui explique
le dégoût de la vie réelle et la répugnance pour la
vie publique si communs aux penseurs de la Ger-

manie. Il y a comme une dégradation, une déchéance gnostique à replier ses ailes et à rentrer dans sa coque grossière de simple particulier (1). »

*   *
*

Mais la source la plus fréquente de l'ironie est peut-être la dissociation qui s'établit dans une âme entre l'intelligence et la sensibilité. Les âmes qui sont capables d'une telle dissociation sont celles où domine une intelligence très vive, étroitement unie à la sensibilité. « Toutes les intelligences originales, dit M. Remy de Gourmont, sont ainsi faites ; elles sont l'expression, la floraison d'une physiologie. Mais, à force de vivre, on acquiert la faculté de dissocier son intelligence de sa sensibilité : cela arrive, tôt ou tard, par l'acquisition d'une faculté nouvelle, indispensable, quoique dangereuse, le scepticisme (2). » — C'est parmi les sentimentaux que se recrutent les ironistes. Ils cherchent à se libérer de leur sentimentalisme et comme outil emploient l'ironie. Mais le sentimentalisme résiste et laisse percer le bout de l'oreille à travers l'intention ironiste. D'autres se complaisent dans leur sentimentalisme ; ils le chérissent et ne voudraient, pour rien au monde, arracher et rejeter loin d'eux la fleur délicate du sentiment. Chez ceux-là l'ironie sert de voile au sentiment. Elle est une pudeur de la passion, de la tendresse ou du regret. —

(1) Amiel, *Journal intime*, t. I, p. 64.
(2) Rémy de Gourmont, *Promenades littéraires*, p. 108. — *La Sensibilité de Jules Laforgue.*

Il y a une jouissance d'une espèce particulière dans
ces états complexes d'une sensibilité passionnée qui
se moque ou fait semblant de se moquer d'elle-même.
Il y a là aussi une source d'inspiration à laquelle ont
puisé les grands artistes de la Douleur, un Heine par
exemple. L'ironie peut avoir ainsi un double aspect
selon que domine en elle l'une ou l'autre des deux
puissances en lutte : l'intelligence ou la sensibilité.
L'ironie est la fille passionnée de la douleur; mais
elle est aussi la fille altière de la froide intelligence.
Elle unit en elle deux climats opposés de l'âme. Heine
la compare à du champagne glacé, parce que, sous son
apparence glaciale, elle recèle l'essence la plus
brûlante et la plus capiteuse.

* *

Ce n'est pas seulement entre l'intelligence et la
sensibilité que peuvent surgir ces conflits qui engendrent l'ironie. Il peut aussi se produire des déchire-
ments au sein de la sensibilité elle-même entre
plusieurs instincts opposés. L'évolution de la vie est
une lutte perpétuelle entre nos instincts. En nous
voisinent des aspirations, des sympathies et des anti-
pathies, des amours et des haines qui cherchent à
s'étouffer. En particulier, l'instinct individualiste
cherche à tuer en nous l'instinct social, et *vice versa*.
Vous êtes dans un de ces moments où le contact avec
les hérissons humains dont parle Schopenhauer vous
replie sur vous-même. Votre bonne volonté d'animal
social s'est butée à pas mal de sottises, de vilenies

grégaires, et l'instinct de solitude se met à parler en
vous plus haut que l'instinct social. Vous vous retran-
chez dans un altier stoïcisme individualiste; vous
élevez une barrière entre la société de vos semblables
et vous; vous fermez les yeux, vous bouchez les
oreilles ou monde social comme Descartes faisait
pour le monde sensible; vous opposez un halte-là
impérieux aux suggestions ambiantes, et vous dites
comme le personnage du poète : « Moi seul et c'est
assez ». Mais au même moment une vague mystérieuse
de sympathie humaine monte en vous, un écho d'anciennes paroles de pitié. Vous vous souvenez d'avoir,
vous aussi, sucé le lait de la tendresse humaine, et
un besoin de serrer une main amie, d'entendre des
paroles fraternelles, vous rend amère votre solitude
volontaire. — A quoi cela aboutit-il ? A un compromis
assez piteux entre les deux instincts en lutte, compromis que Maupassant a bien exprimé : « Chacun
de nous, sentant le vide autour de lui, le vide in-
sondable où s'agite son cœur, où se débat sa pensée,
va comme un fou, les bras ouverts, les lèvres tendues,
cherchant un être à étreindre. Et il étreint à droite, à
gauche, au hasard, sans savoir, sans regarder, sans
comprendre, pour n'être plus seul. Il semble dire,
dès qu'il a serré les mains : « Maintenant, vous
m'appartenez un peu. Vous me devez quelque
chose de vous, de votre vie, de votre pensée, de votre
temps. » Et voilà pourquoi tant de gens croient
s'aimer qui s'ignorent entièrement, tant de gens vont
les mains dans les mains ou la bouche sur la bouche,

sans avoir pris le temps même de se regarder. Il faut qu'ils aiment, pour n'être plus seuls; qu'ils aiment d'amitié, de tendresse, mais qu'ils aiment pour toujours... Et de cette hâte à s'unir naissent tant de méprises, d'erreurs et de drames. Ainsi que nous restons seuls, malgré tous nos efforts, de même nous restons libre malgré toutes les étreintes (1). » — Comment le philosophe ne verra-t-il pas un nouveau thème d'ironie dans la bataille que se livrent en nous l'instinct de sociabilité et l'instinct d'égotisme, et dans le misérable et précaire compromis qui s'institue entre eux et qui constitue la trame de notre vie?

* *

De quelque côté qu'on se tourne, on reconnaît que la muse des contrastes est le véritable musagète de l'ironie. Une intelligence ironiste n'est jamais une intelligence simpliste. Elle est forcément une intelligence dualiste, bilatérale, dominée par cette *Doppelgängerei* dont parle Amiel. Elle pose des thèses et des antithèses autour desquelles se joue le génie énigmatique de l'ironie. Elle déplace à volonté son centre de gravité et par là même son centre de perspective. C'est pourquoi l'ironie est légère et ailée comme la fantaisie.

On voit à présent quel est le principe métaphysique de l'ironie. Il réside dans les contradictions de notre nature et aussi dans les contradictions de

---

(1) Guy de Maupassant, *Sur l'eau*, p. 181.

l'univers ou de Dieu. L'attitude ironiste implique
qu'il existe dans les choses un fond de contradiction,
c'est-à-dire au point de vue de notre raison, un fond
d'absurdité fondamental et irrémédiable. Cela revient
à dire que le principe de l'ironie n'est autre que
le pessimisme. C'est une conception essentiellement
pessimiste que celle de cette *Loi d'Ironie* que
plusieurs penseurs de notre temps ont formulée
presque dans les mêmes terme est sans s'être donné
le mot. Nous la trouvons chez Ed. de Hartmann.
« C'est une remarque triviale, dit-il, que l'homme le
plus prévoyant est incapable de calculer la portée de
ses actes. Une fois que la flèche a quitté l'arc, que la
balle a quitté le fusil, que la pierre a quitté la main
qui l'a lancée, elles appartiennent au diable, comme
le dit le proverbe... » Plus loin Hartmann parle de
« cette loi historique générale qui veut que les
hommes sachent rarement et obscurément les buts
auxquels ils tendent et que ces buts se transforment
entre leurs mains en fins toutes différentes. Cela peut
être appelé l'ironie de la nature et n'est qu'une suite
des ruses de l'idée inconsciente (1) ». — Amiel insiste
à diverses reprises sur la même pensée : « Chemin
faisant, dit-il, vu de nouvelles applications de ma loi
d'ironie. Chaque époque a deux aspirations contradictoires, qui se repoussent logiquement et s'associent de fait. Ainsi, au siècle dernier, le matérialisme
philosophique était partisan de la liberté. Maintenant

(1) E. von Hartmann, *Das sittliche Bewusstsein*, p. 589.

les darwiniens sont égalitaires, tandis que le
darwinisme prouve le droit du plus fort. L'absurde
est le caractère de la vie; les êtres réels sont des
contresens en action, des paralogismes animés et
ambulants. L'accord avec soi-même serait la paix,
le repos et peut-être l'immobilité. La presque univer-
salité des humains ne conçoit l'activité et ne la
pratique que sous la forme de la guerre, guerre
intérieure de la concurrence vitale, guerre extérieure
et sanglante des nations, guerre enfin avec soi-même.
La vie est donc un éternel combat, qui veut ce qu'il
ne veut pas et ne veut pas ce qu'il veut. De là ce que
j'appelle la loi d'ironie, c'est-à-dire la duperie inconsciente, la réfutation de soi par soi-même, la réalisa-
tion concrète de l'absurde (1). »

M. Jules de Gaultier a retrouvé de son côté et sans
l'emprunter aux penseurs précédents, cette loi d'ironie
dont il a fait un usage important dans une philosophie qui, si elle n'est pas pessimiste, se présente
du moins comme nettement hostile au béat rationalisme optimiste, qui fait de la logique humaine la
norme et la mesure des choses (2).

*
* *

L'ironisme social n'est qu'un cas particulier de
l'ironisme métaphysique dont on vient d'énoncer la
formule. C'est sur le terrain social que la loi d'ironie
trouve ses plus notables applications. La source de

(1) Amiel, *Journal intime*, t. II, p. 217.
(2) Voir *le Bovarysme* et *la Réforme philosophique*, p. 136.

l'ironisme social réside ici encore dans les contradictions dont fourmille le spectacle des idées, des
croyances, des usages, des mœurs en vigueur
parmi les hommes, soit à des époques différentes,
soit à la même époque de l'évolution humaine.
La loi d'ironie fonctionne, d'après Amiel, dans
le champ de l'histoire d'une manière inlassable.
L'esprit pénétrant, ondoyant, inquiet et para-
doxal de Proudhon découvre partout des antinomies sociales irréductibles. Il se joue au milieu
des contradictions comme dans son élément propre,
se délectant au choc des idées, faisant saillir l'antinomie des choses, pour déconcerter le lecteur et
l'accabler sous l'idée opprimante qu'une divinité
cruelle se fait un jeu de regarder sa créature se
débattre au milieu des contradictions où elle l'a
jetée.

Mais il y a une antinomie sociale qui prime et
résume les autres. C'est l'antinomie qui se pose sur
les terrains divers de l'activité humaine entre les
aspirations et les exigences de l'individu d'une part,
et d'autre part les aspirations et les exigences de la
société. Si cette antinomie est réelle, c'en est fait des
prétentions dogmatiques du rationalisme et de l'optimisme social ; c'est le pessimisme et l'ironisme social
qui est le vrai. Un personnage romantique du roman
de Sainte-Beuve : *Volupté*, M. de Couaen, exprimait
déjà cette loi d'ironie sociale : « Il y a une loi, pro-
bablement un ordre absolu sur nos têtes, quelque
horloge vigilante et infaillible des astres et des

mondes. Mais, pour nous autres hommes, ces lointains
accords sont comme s'ils n'étaient pas. L'ouragan qui
souffle sur nos plages peut faire à merveille dans une
harmonie plus haute; mais le grain de sable qui
tournoie, s'il a la pensée, doit croire au chaos... Les
destinées des hommes ne répondent point à leur
énergie d'âme. Au fond, cette énergie est tout dans
chacun; rien ne se fait ou ne se tente sans elle; mais
entre elle et le développement où elle aspire, il y a
l'intervalle aride, le règne des choses, le hasard des
lieux et des rencontres. S'il est un effet général que
l'humanité en masse doive accomplir par rapport à
l'ensemble de la loi éternelle, je m'en inquiète peu.
Les individus ignorent quel est cet effet : ils y
concourent à l'aveugle, l'un en tombant comme
l'autre en marchant. Nul ne peut dire qu'il ait plus
fait que son voisin pour y aider. Il y a une telle
infinité d'individus et de coups de dés humains qui
conviennent à ce but en se compensant diversement,
que la fin s'accomplit sous toutes les contradictions
apparentes; le phénomène ment perpétuellement à la
loi; le monde va et l'homme pâtit; l'espèce chemine
et les individus sont broyés (1).

Cette façon énergique d'opposer la destinée de
l'ensemble à la destinée des individus contient
en germe tout le pessimisme et tout l'ironisme
social.

On le voit, la philosophie de l'ironie se résoud en

(1) Sainte-Beuve, *Volupté*, p. 74, 75.

un nihilisme métaphysique et social, qui pourrait
prendre pour devise ce vers d'Amiel :

Le néant peut seul bien cacher l'infini.

La nature et la société ne sont qu'un tissu de
contradictions et d'illusions. Notre moi n'échappe
pas à l'universelle loi d'ironie ; il est lui-même, à ses
propres yeux, une perpétuelle contradiction et une
perpétuelle illusion. Il se rit de lui-même, de sa
propre incertitude et de son propre néant.

*
* *

C'est ici qu'apparaît la différence qu'il faut marquer entre l'ironie et le cynisme.

Le cynisme est un égotisme transcendant. L'égoïsme, l'égoïsme porté à l'absolu est, comme l'a très
bien montré M. le Dr Tardieu (1), le principe métaphysique du cynisme. Le cynique ne prend rien au
sérieux, si ce n'est toutefois son propre moi, son propre
égoïsme. Ce dernier n'est pas pour lui une illusion,
mais une réalité, la réalité par excellence, la seule
réalité. Devant la ruine de tout le reste, le cynique a
sur les lèvres le salut triomphant de Stirner : Bonjour,
Moi ! L'ironiste, lui, ne prend pas son moi plus au
sérieux que tout le reste. Il y a une ironie envers
soi-même aussi sincère et aussi profonde, sinon davantage, que celle qui s'adresse à autrui et au monde.
L'ironie recouvre un fond d'agnosticisme, une hésita-

(1) Dr Tardieu, Le cynisme (*Revue philosophique*, janvier 1904).

tion douloureuse et résignée, un inquiet pourquoi sur
le fond des choses ; le doute même qu'il existe un fond
des choses ; la question d'Hamlet : Être ou ne pas être ?
Le cynisme est un état d'âme tranchant et simpliste.
Il est une forme grossière du sentiment de l'absolu.
L'ironisme est un état d'âme nuancé. Par le dédoublement, la *Doppelgängerei* qu'il implique, il est une
forme du sentiment du relatif.

Le cynisme est la pente des natures vulgaires.
Suivant la remarque du Dr Tardieu, il est le fait des
sensuels, des égoïstes, des méchants, des ambitieux
effrénés ou déçus, des lâches, des âmes de valets.
Julien Sorel est un cynique plutôt qu'un ironiste. Le
cynisme est une quintessence d'égoïsme qui suppose
un manque de noblesse d'âme. L'ironie suppose une
intelligence fine et nuancée, une grande délicatesse
sentimentale, un raffinement de la sensibilité qui ne
se rencontrent pas chez les êtres vulgairement et
platement égoïstes.

Par là aussi l'ironie se distingue du rire. — Le rire
est vulgaire, plébéien. D'après Nietzsche, aucun
geste de l'animal n'égale la vulgarité du rire humain.
Cette observation est très juste. Il faut avoir vu le
rire de certains hommes. — Le rire est grégaire,
bestial. Il est le ricanement heureux des imbéciles
triomphant de l'intelligence par un accident et un
hasard. Le rire est l'arme des lâches coalitions grégaires. Le ridicule est une brimade sociale contre
celui qui se trouve en contravention avec un préjugé
et qui est jeté, par là même, en marge du troupeau.

Ce qui fait l'infériorité intellectuelle du rire, c'est qu'il est toujours une manifestation sociale. L'ironie est au contraire un état d'âme individuel. Elle est la fleur de désillusion, la fleur funéraire qui fleurit dans le recueillement solitaire du moi.

Le contraire de l'ironie, c'est le sérieux, le *pectus*, comme dit Amiel. Toutefois cela n'est vrai qu'en partie. Car l'ironie profondément sentie et intellectuellement motivée a elle-même quelque chose de sérieux et même de tragique. Cela est si vrai que les âmes les plus sérieuses, les plus passionnées — la passion est toujours sérieuse — sont aussi les plus enclines à l'ironie, quand les circonstances les y portent. Amiel en est lui-même un exemple. Il a compris admirablement la double nature du sérieux et de l'ironie, tout en donnant la préférence au premier. « La raison, dit-il, pour laquelle l'ironie à perpétuité nous repousse, c'est qu'elle manque de deux choses : d'humanité et de sérieux. Elle est un orgueil, puisqu'elle se met au-dessus des autres... Bref on traverse les livres ironiques, on ne s'attache qu'à ceux où il y a du *pectus* (1). »

L'espèce de gens à qui l'ironie est antipathique éclaire aussi sa nature. Ce sont les femmes et le peuple. Le peuple ne comprend pas l'ironie ; la femme non plus. Le peuple voit sous l'ironie un orgueil de l'intelligence, une insulte à Caliban. Quant à la femme, elle est peuple par son incompréhension et

(1) *Journal intime*, t. II, p. 305.

par son mépris de l'intelligence. Le paradoxe de
Schopenhauer reste vrai. La femme est surtout une
physiologie et une sensibilité, non un cerveau.
L'ironie, attitude de cérébral en qui s'affirme le primat
de l'intelligence sur le sentiment, lui est suspecte et
antipathique. La femme est et reste un être passionné
dans sa chair et dans ses nerfs. Or l'ironie glace la
passion; elle est le sourire méphistophélique qui se
joue autour de la divinité qui reste le vrai culte de la
femme : l'amour.

*
* *

Ce qui vient d'être dit nous permet de résumer en
quelques traits les caractères psychologiques de
l'ironie.

Comme nous l'avons dit, l'ironie est une attitude
essentiellement pessimiste. L'ironie se fait jour chez
ceux en qui s'affirme le sentiment profond des désharmonies cachées sous les harmonies superficielles,
dont une certaine philosophie optimiste décore les
avenues et les façades de la vie et de la société. Le
veritable ironiste est celui qui n'a pas seulement de
ces désharmonies une vue théorique et abstraite,
mais une expérience directe et une intuition personnelle. Il faut posséder, pour devenir un ironiste, la
faculté de s'étonner. L'homme qui ne s'étonne pas,
qui n'est pas saisi devant ce qui est plat, vulgaire et
bête, de cette stupéfaction douloureuse dont parle
Schopenhauer et dont il fait le musagète de la
philosophie, celui-là ne sera jamais un ironiste. Un

Thackeray, un Anatole France ont évidemment
éprouvé devant la vanité et la sottise de leurs contemporains cette petite secousse de stupéfaction qui
vous traverse comme une commotion électrique ;
sinon ils n'auraient pas écrit ces chefs-d'œuvre d'ironie
légère, souriante et cinglante : *le Livre des Snobs* et
les Histoires contemporaines.

L'ironie est souvent provoquée par un heurt
brusque de la conscience individuelle et de la conscience sociale, par la vision subite de ce qu'il y a
de stupidement et d'impudemment mensonger dans
les simulacres sociaux. L'individu trouve alors que
ces simulacres ne valent pas qu'on les discute sérieusement et que tout ce qui leur convient est le sourire
de l'ironie.

L'ironie est donc un sentiment individualiste et,
jusqu'à un certain point, antisocial. Car, par son
sourire méphistophélique, l'ironiste annonce qu'il
s'est retiré de la scène du monde, qu'il est devenu
un pur contemplateur et que là, dans les *templa
serena* de la pure et immaculée connaissance, il se rit
des entraves sociales, des conventions, des rites et
des momeries de tout genre qui, comme autant de
fils, font mouvoir les marionnettes de la comédie
sociale. Antisocial, l'ironiste l'est encore par son
dédain de ces préjugés qu'on décore du nom de principes. Il se rit du philistin, de l'homme « aux préjugés immuables » d'Ibsen ; et réciproquement il est lui-
même en horreur au philistin, c'est-à-dire à l'être
social par excellence. Cette attitude est admirable-

ment décrite dans *Adolphe* : « J'avais contracté une insurmontable aversion pour toutes les maximes communes et pour toutes les formules dogmatiques. Lors donc que j'entendais la médiocrité disserter avec complaisance sur des principes bien établis en fait de morale, de convenance ou de religion, choses qu'elle met assez volontiers sur la même ligne, je me sentais poussé à la contredire, non que j'eusse adopté des opinions opposées, mais parce que j'étais impatienté d'une conviction si ferme et si lourde... Je me donnai, par cette conduite, une grande réputation de légèreté, de persiflage, de méchanceté. On eût dit qu'en faisant remarquer leurs ridicules je trahissais une confiance qu'ils m'avaient faite ; on eût dit qu'en se montrant à mes yeux tels qu'ils étaient ils avaient obtenu de ma part la promesse du silence ; je n'avais point conscience d'avoir accepté ce traité trop onéreux. Ils avaient trouvé du plaisir à se donner ample carrière, j'en trouvais à les observer et à les décrire, et ce qu'ils appelaient une perfidie me paraissait un dédommagement très innocent et très légitime (1). »

Attitude essentiellement intellectuelle, l'ironie est par là même une attitude aristocratique. L'ironiste a conscience d'être placé à un point de vue supérieur d'où il plane très haut au-dessus des intérêts et des soucis dont le grouillement compose la vie sociale. L'ironiste est l'aristocrate de l'intelligence, comme le philistin en est le roturier ou le bourgeois.

(1) Benjamin Constant, *Adolphe*, p. 16.

Psychologiquement, une des sources de l'ironie
est l'orgueil, cet orgueil qu'Amiel a appelé chez Cha-
teaubriand « le mépris d'un géant pour un monde
nain ». Le mépris, quoi qu'on ait pu dire, est une
grande vertu intellectuelle et esthétique. Savoir
mépriser est une grande force et une grande supériorité, tout comme savoir admirer. D'ailleurs les
deux vont de pair.

Par son aspect individualiste, pessimiste et aristocratique, l'ironie apparaît comme un sentiment essentiellement romantique. L'ironie est un romantisme
de la pensée et du sentiment. Un des principaux penseurs romantiques, Frédéric Schlegel, s'est érigé en
théoricien de l'ironie. On sait que ce philosophe a
entendu la liberté absolue de Fichte, c'est-à-dire le
suprême désintéressement, le dépouillement absolu
du moi, dans le sens d'un dilettantisme esthétique,
d'un ironisme détaché de tous les devoirs, qui
annonce déjà l'immoralisme de Nietzsche.

Les héros romantiques : un Adolphe, un M. de
Couaen, un M. de Camors, sont des ironistes pessimistes et immoralistes, sérieux toutefois et de portée
vraiment philosophique, sans rien de l'emphase mélo-
dramatique des fantoches de Hugo. Les époques
classiques sont peu enclines à l'ironie. Le natura-
lisme qui représente un art populaire et philistin ne
l'est pas davantage. L'ironisme semble donc rester
un trait caractéristique de l'art et de la pensée
romantiques.

Sur le terrain philosophique, l'ironisme est, cela

va de soi, directement opposé à ce rationalisme, que
Schopenhauer appelait philistinisme hégélien, qui
croit à la vertu de l'idée et qui attend de l'avenir le
règne de la Logique dans le monde. Au regard de ce
rationalisme humanitaire et moralisant, l'ironie est
chose foncièrement immorale. En effet, le but politique et social de ce rationalisme est de former par
l'éducation des âmes nullement douteuses, nullement
nuancées, nullement ironistes ou sceptiques, mais
au contraire des âmes tout d'une pièce, foncièrement dogmatiques et philistines, toutes prêtes à
entrer dans les cadres des majorités compactes. Con-
trairement à ce rationalisme, l'ironisme est dominé
par le sentiment de ce qu'il y a de contingent, de
hasardeux, d'alogique dans l'évolution humaine, par
l'idée de la faillibilité de la raison ratiocinante, à
prétentions dogmatiques. A cette raison, l'ironisme
oppose ce que Nietzsche appelle la « grande raison »,
c'est-à-dire le dictamen de la physiologie, le vœu du
tempérament individuel, où plongent les humbles
origines de nos idées les plus éthérées et de nos cer-
titudes les plus rationalistes et qui se fait un jeu, au
moment où nous nous y attendons le moins, de con-
trecarrer notre sagesse orgueilleuse.

L'ironie représente, comme on le voit, l'antithèse
de l'attitude rationaliste. Elle est différente également de l'attitude critique, qui, comme l'a montré
Stirner, n'est qu'une variété de rationalisme. Elle est
une attitude essentiellement esthétique. L'ironie, en
effet, ne se propose aucun but étranger à elle-même,

ni la vérité, ni le bonheur de l'humanité; elle a sa propre finalité en elle-même. Elle relève de ce que Nietzsche appelle la pure et immaculée connaissance.

Le rôle du vouloir-vivre y est réduit à son minimum. Même là où il subsiste, il cède le pas à l'intelligence contemplative, éclairée sur la vanité des choses et sur sa propre vanité.

*
* *

La proportion variable de vouloir-vivre et d'intelligence contemplative qui entrent dans l'ironie peut servir à distinguer deux variétés d'ironie : l'ironie intellectuelle et l'ironie sentimentale ou, si l'on veut, émotionnelle.

L'ironie intellectuelle est celle qui procède ou semble procéder de la seule intelligence contemplative, froide et impassible comme elle. Cette ironie a sans doute ses racines lointaines dans le vouloir-vivre, dans quelque disposition native ou dans quelque expérience sentimentale, quelque passion ou quelque désillusion; mais elle semble actuellement vidée de tout contenu émotionnel ou passionnel et parvenue à l'impassibilité absolue, au détachement complet de la réalité. Telle est l'ironie de Flaubert dans *Bouvard et Pécuchet*. Chez cet artiste, le détachement du fond a pour contre-partie le culte — porté à l'absolu — de la forme, et fait ainsi triompher l'élément intellectuel. Le Dr Noir du *Stello*, de Vigny, semble aussi représenter le pur ironisme intellectuel.

L'ironie sentimentale ou émotionnelle est celle où domine et transparaît la passion : tantôt une passion contenue et voilée de mélancolie comme chez Heine, tantôt une passion violente et indomptée qui se manifeste comme chez Swift (ambition déçue) par une verve indignée et vengeresse.

A un autre point de vue, on pourrait distinguer peut-être une ironie spontanée, inconsciente, et une ironie réfléchie, consciente. Cette dernière est la seule, à vrai dire, qui semble au premier abord mériter le nom d'ironie. Car ce qui caractérise l'ironie, c'est une intellectualité très lucide, très consciente des choses et d'elle-même. Toutefois n'oublions pas que le trait essentiel de l'ironie se trouve dans cette dualité de pensée que nous avons dite, dans cette *Doppelgängerei* qui scinde l'être conscient en deux parties, qui le brise, le désagrège, le rend multiple et inconsistant à ses propres yeux. Or cette dualité peut exister chez un être humain à l'état spontané et latent avant de passer à l'état de pleine conscience. M. A. Gide a donné, dans son roman *l'Immoraliste*, une curieuse peinture d'un cas pathologique d'une âme en voie de désagrégation ou plutôt en voie de transformation et de mutation, qui se joue d'elle-même de ce qu'elle est et de ce qu'elle possède ; qui détruit peu à peu tout ce qui fait sa vie, par une sorte d'ironisme en action qu'elle pratique inconsciemment.

Signalons enfin une dernière distinction possible entre les variétés de l'ironie. On pourrait distinguer de l'ironie proprement dite, qui est un état d'intelligence et de sensibilité, une sorte d'ironisme pratique qui consiste à ériger l'ironie en méthode de vie, à porter l'ironie dans la vie courante et dans ses rapports avec les hommes. Un écrivain.belge, M. Léon Wéry, définit ainsi l'ironie comme méthode de vie : « La vie en ironie accentue et parfait l'esthétisme de l'ironie latente. Elle réalise une vivante œuvre d'art. Elle joue, non plus avec des pensées pures, mais avec les chairs et les os qui donnent un corps aux pensées. L'ironiste devient un dramaturge de la vie même (1). » Mais, suivant nous, l'ironie ainsi entendue se confond plutôt avec ce cynisme dont Julien Sorel reste le type. L'ironie est essentiellement une attitude contemplative ; elle recouvre un fond philosophique : le pessimisme. Hamlet en reste le type.

* *

Il resterait à apprécier l'ironie et à indiquer son rôle possible dans la phase intellectuelle et morale que nous traversons. Les avis sont naturellement très partagés. Les intelligences vives, nuancées, multilatérales, sont enclines à regarder le simplisme de l'esprit comme une infériorité intellectuelle et reconnaissent à l'ironie une haute valeur intellectuelle et esthétique. On connaît la page éloquente que Proudhon consacre à l'ironie à la fin de ses *Confessions d'un révolutionnaire* : « La liberté, comme la raison, n'existe et ne se manifeste que par le dédain incessant de ses

(1) Léon .Wéry, De l'ironie (*le Thyrse*, août 1904).

propres œuvres; elle périt dès qu'elle s'adore. C'est
pourquoi l'ironie fut de tout temps le caractère du
génie philosophique et libéral, le sceau de l'esprit
humain, l'instrument irrésistible du progrès. Les
peuples stationnaires sont tous des peuples graves :
l'homme du peuple qui rit est mille fois plus près de
la raison et de la liberté que l'anachorète qui prie, ou
le philosophe qui argumente... Ironie ! vraie liberté,
c'est toi qui me délivres de l'ambition du pouvoir, de
la servitude des partis, du respect de la routine, du
pédantisme de la science, de l'admiration des grands
personnages, des mystifications de la politique, du
fanatisme des réformateurs, de la superstition de ce
grand univers et de l'adoration de moi-même. Douce
ironie ! Toi seule est pure, chaste et discrète... (1). »
Stirner célèbre la liberté absolue de l'ironiste, c'est-à-
dire du propriétaire de ses pensées. « Propriétaire
des pensées, je protégerai sans doute ma propriété
sous mon bouclier, juste comme propriétaire des
choses, je ne laisse pas chacun y porter la main ;
mais c'est en souriant que j'accueillerai l'issue du
combat, c'est en souriant que je déposerai mon bouclier sur le cadavre de mes pensées et de ma foi, et
en souriant que, vaincu, je triompherai. C'est là jus-
tement qu'est l'humour de la chose (2). » M. Remy de
Gourmont dit de son côté : « Il n'est rien de durable
sans l'ironie : tous les romans de jadis qui se relisent
encore, le *Satyricon* et le *Don Quichotte*, *l'Ane d'or*

(1) Proudhon, *Confession d'un révolutionnaire*, sub fine.
(2) Stirner, *l'Unique*, trad. Reclaire, p. 440.

et *Pantagruel*, se sont conservés dans le sel de l'ironie. Ironie ou poésie, hors de là tout est fadeur et platitude (1). »

Par contre, les esprits simplistes et dogmatiques ont l'ironie en abomination. Beaucoup la regardent, ainsi que le pessimisme, son compagnon, comme une tare intellectuelle. Nous sommes trop portés, en effet, à qualifier de morbides les manières de sentir ou de penser que nous ne pratiquons pas. Aux yeux du rationaliste, du dogmatique et de l'optimiste, l'ironiste est, comme le pessimiste, un aigri, un ambitieux ou un sentimental déçu, ou encore c'est un malade, un neurasthénique. Cela est commode; mais cela ne dit rien et ne prouve rien.

Employer le même mode de réfutation vis-à-vis des dogmatiques et des optimistes, leur reprocher leur bonne santé ou leur réussite relative dans la vie ou telles autres conditions ou circonstances génératrices d'optimisme, serait également vain. D'ailleurs, on peut constater aussi qu'il y a parfois des gens bien portants et favorisés du sort qui sont pessimistes et ironistes, et d'autres, de santé ou de fortune médiocres, qui sont résolument optimistes, et c'est là sans doute encore une application de la loi d'ironie.

Tout ce qu'on peut faire, c'est constater l'existence de ces catégories différentes d'intelligences sans se prononcer sur la valeur des métaphysiques qu'elles inventent. Disons seulement qu'en notre temps de

(1) Remy de Gourmont, *Le II⁰ livre des Masques*, p. 125.

dogmatisme social et moral à outrance, d'évangélisme et de moralisme sous toutes les formes, l'ironie joue le rôle d'un utile contrepoids et qu'elle doit être la bienvenue auprès des intelligences qui s'efforcent d'être désintéressées.

DEUX TYPES D'IMMORALISME

Quand on examine d'un peu près les penseurs généralement considérés comme immoralistes, on remarque qu'il est possible de distinguer deux façons d'être immoraliste.

Pour faire cette distinction, nous nous placerons au point de vue de la manière dont les immoralistes ont conçu l'influence de la morale sur la conduite humaine. — Une première façon d'être immoraliste consiste à soutenir que cette influence est très faible, qu'elle est négligeable ou même tout à fait nulle. — Une seconde façon d'être immoraliste consiste à attribuer à la morale une forte emprise sur les âmes, une influence notable sur la conduite et sur la vie, mais à soutenir en même temps que cette influence est néfaste, tyrannique et odieuse, à se révolter contre elle et à la secouer furieusement comme un joug insupportable. — Dans le premier cas, on insiste sur l'impuissance, l'inanité et comme l'irréalité de la morale ; dans le second, on insiste sur ses méfaits. Dans le premier cas on traite la morale par le dédain, comme une quantité négligeable ; dans le second, on la traite par l'exorcisme, comme un démon puissant et malfaisant qui obsède et tourmente l'humanité.

Il est clair que ces deux façons d'entendre l'immoralisme sont contradictoires entre elles. Car, si la morale est impuissante, indifférente et inoffensive, il est vain et ridicule de fulminer contre elle.

Nous allons essayer de caractériser ces deux types d'immoralisme ; de voir à quelle sorte de sensibilité et d'intellectualité ils correspondent et aussi quelle vérité relative ils peuvent contenir.

La définition que nous avons donnée de l'immoralisme du premier genre est une définition très générale et par suite un peu vague. Elle se précisera par l'exposé des conceptions particulières qui rentrent sous cette rubrique.

*
* *

Le père de l'immoralisme entendu dans le premier sens est le philosophe français Bayle, qui, dès 1862, dans ses *Pensées sur la Comète* et dans la *Critique générale de l'Histoire du Calvinisme du père Maimbourg*, soutient cette thèse que la morale n'a qu'une influence insignifiante sur la conduite de l'individu ; que celui-ci fait toujours en fin de compte ce que son tempérament lui commande. On trouve à la table des matières des *Pensées diverses sur la Comète* des articles comme celui-ci : *Il ne faut juger de la vie d'un homme ni par ce qu'il croit, ni par ce qu'il publie dans ses livres... L'homme ne vit point selon ses principes... ;* ou encore celui-ci : *Passions médiocres faciles à réprimer.* — La morale ne fait rien quand elle n'a pas le tempérament pour complice. Elle triomphe quand elle recommande la chasteté à un tempérament froid.

Bayle remarque quelque part que saint Augustin
professa une morale assez indulgente en ce qui concerne l'usage des femmes, tant qu'il garda l'aptitude
à en jouir. Quand l'âge lui eut ôté le désir, il se réfréna
aisément, sans l'aide de la morale.

Fourier ne prend pas non plus la morale au sérieux.
Dans son livre : *Théorie des quatre mouvements*, il
soutient que les vices sont nos uniques mobiles et
qu'il est impossible de les brider. « Il a fallu, selon lui,
de longs siècles de dégénérescence pour établir la
monogamie, régime si contraire à l'intérêt des gens
vigoureux ; et personne, d'ailleurs, ne se soumet à
cette loi dès qu'elle devient tyrannique. » — La morale,
quand elle commande aux passions, est comparable
à ce chef barbare à qui le roi d'Angleterre adressait
cette question : « Vos sujets vous obéissent-ils bien ? »
— Le chef répondit : «Pourquoi non ? Je leur obéis
bien moi-même. » — « La morale, dit ailleurs Fourier,
s'abuse lourdement si elle croit avoir quelque existence par elle seule ; elle est évidemment superflue
et impuissante dans le mécanisme social ; car sur
toutes les questions dont elle forme son domaine
comme le larcin, l'adultère, etc., il suffit de la politique et de la religion (1) pour déterminer ce qu'il

(1) Le point faible de cette argumentation semble être
d'accorder à la politique et à la religion un pouvoir que Fourier dénie à la morale. Psychologiquement, on ne voit pas la
raison de cette différence. Il est vrai que par *politique* Fourier
entend sans doute la police sociale, et celle-ci a à sa disposition
des influences qui, pour n'être ni psychologiques, ni morales,
n'en sont pas moins efficaces.

est convenable dans l'ordre établi. Quant aux
réformes à entreprendre dans les mœurs, si la
religion et la politique y échouent, la morale y
échouera encore mieux. Qu'est-elle dans le corps
des sciences, sinon la cinquième roue du char, l'impuissance mise en action ? — Partout où elle com-
battra seule contre un vice, on est assuré de sa défaite;
elle est comparable à un mauvais régiment qui se
laisserait repousser dans toutes les rencontres et
qu'il faudrait casser ignominieusement... (1). » La
conclusion de Fourier est qu'une société intelligente
cesserait de payer des professeurs de morale.

On sait le cas que Stendhal fait de la morale. Dans
le Rouge et le Noir et ses autres romans, il fait toujours agir ses héros et ses héroïnes d'après leur tempérament. Dans toute son œuvre court comme thème
fondamental ce qu'on a appelé le beylisme ou théorie
de la vertu comme timidité. Stendhal ne manque pas
une occasion de ridiculiser la morale et les moyens
pitoyables qu'elle prend pour convertir les âmes.
Quand Fabrice est dans la prison de la citadelle de
Parme et qu'on pose devant sa fenêtre d'énormes
abat-jour qui ne doivent laisser au détenu que la
vue du ciel : « On fait cela pour la morale, lui dit le
geôlier, afin d'augmenter une tristesse salutaire et
l'envie de se corriger dans l'âme des prisonniers. »

Dans sa philosophie de l'histoire fondée sur l'idée
de race, le comte de Gobineau déprécie singulière-

---

(1) Fourier, *Théorie des quatre mouvements*, p. 188.

ment le rôle historique des religions et des morales.
Il combat cette foi aussi vieille que le monde, qui
consiste à croire que les peuples n'ont d'autre but
que de réaliser des idées morales. Dans son *Essai
sur l'inégalité des races*, il n'accorde aux diverses
morales, aux religions, aux dogmatismes sociaux,
qu'une influence insignifiante sur la durée des insti-
tutions. Il y soutient que le fanatisme, le luxe, les
mauvaises mœurs et l'irréligion n'amènent pas nécessairement la chute des sociétés : que le christianisme
n'a ni créé ni transformé l'aptitude civilisatrice.
L'esprit, l'intelligence, la volonté varient suivant les
races, mais le rôle de l'éducation reste toujours infi-
nitésimal (1).

(1) La correspondance entre M. de Gobineau et M. de Tocqueville, publiée récemment dans la *Revue des Deux Mondes*,
nous fait connaître la différence du sentiment des deux penseurs
et caractérise assez bien l'immoralisme de M. de Gobineau.
M. de Tocqueville écrit à M. de Gobineau : « Malheureusement,
nous avons bien d'autres dissidences et de plus graves. Vous
me semblez contester même l'utilité politique des religions. Ici,
vous et moi, nous habitons les antipodes. La crainte de Dieu,
dites-vous, n'empêche point d'assassiner. Quand cela serait,
ce qui est fort douteux, que faudrait-il en conclure ? L'efficacité
des lois soit civiles, soit religieuses, n'est pas d'empêcher les
grands crimes (ceux-là sont d'ordinaire le produit d'instincts
exceptionnels et de passions violentes qui passent à travers les
lois comme à travers les toiles d'araignée) ; l'efficacité des lois
consiste à agir sur le commun des hommes, à régir les actions
ordinaires de tous les jours, à donner un tour habituel aux
idées, un ton général aux mœurs. Réduites à cela, les lois et
surtout les lois religieuses sont si nécessaires qu'on n'a pas
encore vu dans le monde de grandes sociétés qui aient pu s'en
passer. Je sais qu'il y a beaucoup d'hommes qui pensent que

Le comte de Gobineau nourrit à l'égard des moralistes des dédains qui rappellent ceux de Fourier. On lit dans l'introduction des *Nouvelles Asiatiques* : « Parmi les hommes voués à l'examen de la nature humaine, les moralistes surtout se sont pressés de tirer des conclusions de belle apparence ; ils s'en sont tenus là, et, par conséquent, ils se perdent dans les phrases. On ne se rend pas très bien compte de ce que vaut un moraliste, à quoi il sert depuis le temps que cette secte parasite s'est présentée dans le monde ; et les innombrables censures qu'elle mérite par l'inconsistance de son point de départ, l'incohérence de ses remarques, la légèreté de ses déductions, auraient bien dû faire classer depuis des siècles ses adeptes au nombre des bavards prétentieux qui parlent pour parler et alignent des mots pour se les entendre dire. Au nombre des non-valeurs que l'on doit aux moralistes, il n'en est pas de plus complète que cet axiome : « L'homme est partout le même. » Cet axiome va de pair avec la prétention de ces soi-disant penseurs de réformer les torts de l'humanité, en faisant admettre à celle-ci leurs sages conseils. Ils ne se sont jamais demandé comment ils pour-

cela se verra un jour et qui se mettent tous les matins à la fenêtre dans l'idée que peut-être ils vont apercevoir se lever ce nouveau soleil. Quant à moi, je suis convaincu qu'on regardera toujours en vain. Je croirais plutôt à la venue d'une nouvelle religion qu'à la grandeur et à la prospérité croissante de nos sociétés modernes sans religion. » (*Revue des Deux Mondes*, 1er juin 1907.)

raient réussir à changer ce mécanisme humain qui
crée, pousse, dirige, exalte les passions et détermine
les torts et les vices, cause unique en définitive de
ce qui se produit dans l'âme et dans le corps. »

M. R. de Gourmont fait, lui aussi, le procès de la
morale. « Quelle influence peut donc avoir sur le
tempérament d'une femme, sur sa nature, sur son
caractère inné, un enseignement philosophique? En
quoi des phrases peuvent-elles modifier un organisme? Les religions les plus positives, les plus
catégoriques, les plus fortes n'ont jamais eu en aucun
temps ni en aucun lieu une influence appréciable
sur le fond des mœurs, et l'on voudrait qu'un cours
d'idéalisme humanitaire eût la puissance de rendre
à jamais invulnérable la sensibilité féminine (1)! »

M. Maurice Barrès, sous le *Jardin de Bérénice*,
oppose à la morale livresque, scolaire et pseudo-
scientifique représentée par l'ingénieur Charles
Martin, l'instinct sûr, délicat et charmant de Bérénice. Il importe de noter que la thèse de M. Barrès
ne consiste pas à repousser la morale de la raison
raisonnante comme nuisible ou dangereuse, mais,
plutôt, de la montrer vaine et impuissante à modifier
le sens profond de notre instinct. Dans l'évocation
mélancolique qui termine le roman, M. Barrès fait
parler Bérénice morte : « Il est vrai, dit-elle à son
ami Philippe, que tu fus un peu grossier en désirant
substituer ta conception de l'harmonie à la logique

---

(1) R. de Gourmont, *Épilogues*, 2e série, p. 41.

de la nature. Quand tu me préféras épouse de Charles
Martin plutôt que servante de mon instinct, tu
tombas dans le travers de l'Adversaire qui voudrait
substituer à nos marais pleins de belles fièvres quelque étang de carpes. Cesse pourtant de te tourmenter.
Il n'est pas si facile que ta vanité le suppose de mal
agir. Il est improbable que tu aies substitué tes
intentions au mécanisme de la nature. Je suis
demeurée identique à moi-même sous une forme
nouvelle ; je ne cessai pas d'être celle qui n'est pas
satisfaite... Je pleurais dans la solitude, mais peut-
être allais-je me consoler : tu me poussas dans les
bras de Charles Martin pour que j'y pleure encore.
Dans ce raccourci d'une vie de petite fille sans mœurs,
reconnais ton cœur et l'histoire de l'univers (1) »

Chose remarquable ! la note immoraliste n'est pas
absente du chœur des moralistes religieux et laïques.
— C'est un lieu commum chez les moralistes chré-
tiens de déplorer la force des passions et la faiblesse
des freins moraux. Dans la morale chrétienne, la
casuistique représente une concession forcée de la
morale, une adaptation des commandements moraux
aux exigences de notre nature corrompue. De là le
reproche que les moralistes rigides ont adressé à
la morale des Jésuites d'être une morale relâchée,
c'est-à-dire au fond une morale immoraliste.

Dans une récente étude intitulée : *l'Inquiétude
de notre morale*, un penseur contemporain, en qui on

(1) M. Barrès, *le Jardin de Bérénice*, à la fin.

ne peut méconnaître un moraliste, M. Mæterlinck,
exprime son peu de foi dans le pouvoir des idées.
« A la rigueur, dit-il, l'humanité n'a pas besoin de
guide. Elle marche un peu moins vite mais presque
aussi sûrement par les nuits que personne n'éclaire...
Elle est pour ainsi dire indépendante des idées qui
croient la conduire. Il est au demeurant curieux et
facile de constater que ces idées périodiques ont
toujours eu assez peu d'influence sur la somme de
bien et de mal qui se fait dans le monde... Faut-il
rappeler un exemple probant ? Au moyen âge, il y
eut des moments où la foi était absolue et s'imposait
avec une certitude qui répond exactement à nos cer-
titudes scientifiques. Les récompenses promises au
bien, comme les châtiments menaçant le mal, étaient,
dans la pensée des hommes de ce temps, pour ainsi
dire tangibles. Pourtant nous ne voyons pas que le
niveau du bien se soit élevé. Quelques saints se sacri-
fiaient pour leurs frères, portaient certaines vertus,
choisies parmi les plus discutables, jusqu'à l'héroïsme, mais la masse des hommes continuait à se
tromper, à mentir, à forniquer, à voler, à s'envier, à
s'entretuer. La moyenne des vices n'était pas inférieure à celle d'à présent... (1). »

(1) V. Mæterlinck, *l'Intelligence des fleurs*, p. 155. Il est
important d'ajouter que l'immoralisme de M. Mæterlinck n'est
qu'un immoralisme partiel. Car ce qu'il dit du peu de pouvoir
des idées morales ne s'applique dans sa pensée qu'à la morale
du bon sens, à la morale de la raison scientifique et non à ce
qu'il appelle la « morale de la raison mystique ».

Beaucoup de romanciers contemporains ont mis en lumière, en de fines analyses, ce qu'il y a d'instable, de précaire et pour tout dire d'irréel dans la conscience morale. C'est M. André Gide, dont le roman *l'Immoraliste* est l'analyse d'un cas curieux — pathologique, a-t-on dit, mais est-ce sûr ? — d'une mutation et comme d'une inversion de la conscience morale survenue chez le héros à la suite d'une maladie et d'un retour à la santé qui bouleversent sa physiologie. « Rien de plus tragique, pour qui crut y mourir, qu'une lente convalescence Après que l'aile de la mort a touché, ce qui paraissait important ne l'est plus ; d'autres choses le sont, qui ne paraissaient pas importantes, ou qu'on ne savait même pas exister. L'amas sur notre esprit de toutes connaissances acquises s'écaille comme un fard et, par places, laisse voir à nu la chair même, l'être authentique qui se cachait. Ce fut dès lors *celui* que je prétendis découvrir : l'être authentique ; le « vieil homme », celui dont ne voulait plus l'Évangile ; celui que tout, autour de moi, livres, maîtres, parents, et que moi-même avions tâché de supprimer...(1). »

Tel est aussi le romancier norvégien Johan Bojer avec son étrange roman : *la Puissance du Mensonge* où est admirablement analysé le travail d'imagination selon lequel les personnages plient les faits à leurs sentiments et font le mal en s'assurant la paix d'une bonne conscience.

(1) A. Gide, *l'Immoraliste*, p. 82.

De telles analyses psychologiques pourraient
servir d'illustration à la belle étude de M. Georges
Dumas sur les *Conditions biologiques du remords* (1).
On y voit comment une piqûre de caféine suffit à
changer le ton de la conscience morale d'un individu
et à abolir en lui scrupule et remords. Il est permis
de se poser avec l'auteur une question qui ne l'intéresse d'ailleurs qu'au point de vue psycho-physio-
logique et qu'il ne prétend pas résoudre au point de
vue éthique. « L'état de dépression et de fatigue est
favorable à l'éclosion des remords... Alors tous les
préjugés sociaux déferlent sur l'âme en détresse
pour la submerger ; elle les tourne et retourne pour
y chercher sa pâture... Le remords est donc le
signe que les préjugés sociaux, ou, si l'on préfère, nos habitudes morales, l'ont emporté sur nos
instincts, et cette victoire se produisant surtout
pendant les périodes de dépression, on pourrait,
semble-t-il, arriver à cette conclusion que la vie saine
est naturellement immorale, tandis que la maladie
la faiblesse et la moralité s'associent naturellement (2). »

Les vues qui viennent d'être exposées suffisent
pour nous faire voir en quoi consiste l'immoralisme
de la première espèce. Cet immoralisme, à travers
toutes les nuances qu'il comporte chez les différents
penseurs, consiste à constater la fragilité, la cadu-
cité, l'inefficacité psychologique et sociale de nos

(1) *Revue philosophique*, octobre 1906.
(2) *Ibid*.

morales; leur action très limitée sinon même tout à
fait nulle sur la conduite et sur la vie.

Il semble bien d'ailleurs que, dans la pensée des
immoralistes qu'on vient d'étudier, il s'agisse uniquement de la morale enseignée, de la morale plus
ou moins codifiée et formulée, de la morale courante et respirée dans l'ambiance, de la morale qui
a pour elle l'approbation du genre humain ou d'une
fraction plus ou moins importante du genre humain.
Il semble bien que par la force des choses, l'instinct,
le sentiment, dans ce qu'ils ont de spontané, soient
hors de cause et qu'ils gardent aux yeux même
de l'immoraliste leurs droits imprescriptibles comme
guides de l'homme intérieur.

Quelle est maintenant l'idée qui domine l'immoralisme ? Il semble bien que ce soit ce qu'on pourrait
appeler l'idée irrationaliste. C'est l'idée et le sentiment que la vie dépasse infiniment en richesse, en
variété et en imprévu les codifications de notre
morale. Ce qui fait la faiblesse de cette morale, ce
qui fait qu'elle a si peu de pouvoir sur la marche de
la vie, c'est que nous connaissons trop mal le monde
pour affirmer que notre ordre moral est nécessaire à
sa bonne marche et pour être sûr que la vie serait
moins riche et moins belle si l'on admettait comme
permis ce qui est défendu aujourd'hui. C'est, comme
le dit un personnage du roman de Bojer, que « la vie
est plus large que toutes les lois humaines du juste
et de l'injuste ». Aucune formule morale n'enserre
cette vie insaisissable, pareille à l'eau de la source

Amelès qui, raconte Platon, ne se pouvait garder dans aucun vase...

* *

Nous arrivons au second type d'immoralisme représenté par Stirner et Nietzsche. A l'encontre des penseurs qui gardent l'attitude précédente, Stirner accorde à la morale un rôle énorme dans les affaires humaines et une influence extraordinaire sur la conduite de la vie et sur le bonheur et le malheur des hommes. Sans doute afin de mieux mettre les hommes en garde contre ce qu'il appelle la hantise, il ne croit pas pouvoir assez exagérer la puissance des idéaux moraux. Il n'ironise pas sur un thème qui lui tient si fort à cœur. Il prend terriblement au sérieux la morale et les moralistes. Il s'effare devant les fantômes, les « personnalités de respect » qui peuplent le royaume de l'Esprit et défend désespérément contre eux l'indépendance, l'unicité et l'instantanéité de son moi. Les expressions combatives reviennent sur les lèvres de cet athlète aux nerfs tendus, aux traits crispés : « Le rude poing de la morale, dit-il, s'abat impitoyable sur les nobles manifestations de l'égoïsme. » Ce rude lutteur trouve des accents de pitié frémissante et indignée pour plaindre les innocentes victimes de la morale. On connaît le célèbre et pathétique passage sur la jeune fille qui fait si douloureusement à la morale le sacrifice de sa passion. — Stirner retrace, comme Corneille, la lutte de la passion et du devoir. Mais, tandis que

Corneille exalte le triomphe du devoir, Stirner déteste
cette victoire; il injurie le vainqueur et convoque
rageusement l'instinct vaincu à de nouvelles
révoltes.

L'attitude de Nietzche est voisine de celle de
Stirner (1). On retrouve chez Nietzsche le Fantôme
ou le Phantasme abhorré de Stirner. « Il est des
gens, nous dit l'auteur d'*Aurore*, qui ne font rien
tout le long de leur vie pour leur Ego et n'agissent
que pour le fantôme de cet Ego, qui s'est formé,
d'après leur aspect superficiel, *dans la tête de leur
entourage* et qu'ils ont ensuite accepté tout fait de la
main de leurs proches, comme s'il constituait leur
véritable personnalité. Ils vivent donc dans un
monde singulier de phantasmes, et une analogie
réunit tous ces hommes inconnus à eux-mêmes : c'est
qu'ils croient à cette chcse fictive et exsangue,
l'homme abstrait, n'ayant jamais su opposer un Ego
véritable fondé par eux-mêmes, à la pâle image de
rêve qu'ils anéantiraient en se montrant ce qu'ils
sont. »

(1) L'attitude de Nietzsche est pourtant moins nette que celle
de Stirner. Dans la *Généalogie de la morale* et dans la *Volonté
de Puissance*, au lieu de montrer la morale comme une puissance extérieure s'imposant tyranniquement à la vie, il la
regarde comme la servante de la vie, comme une illusion utile
que la vie elle-même crée et entretient pour son propre usage.
Il est vrai que, même dans cette hypothèse, la tyrannie de la
morale subsiste. Il peut y avoir antagonisme entre l'utilité
vitale de l'individu et l'utilité vitale de la société ou de l'espèce.
Les idéaux moraux qui servent l'utilité sociale oppriment
l'individu.

Nietzsche combat comme Stirner contre les valeurs
empruntées ou imposées. « Nos mesures de valeur
sont propres ou empruntées, mais ces dernières
restent de beaucoup les plus nombreuses. Pourquoi
donc les acceptons-nous ? Par crainte, par timidité
à l'égard de ceux qui ont formé ou plutôt déformé
notre enfance. » — Il partage l'effroi de Stirner
devant la tyrannie du royaume de l'esprit et la
« coagulation » possible de ses pensers inquiets.
« Contre nos convictions trop despotiques, dit-il,
nous devons être traîtres avec délices et pratiquer
l'infidélité d'un cœur léger... Soyons à cet effet des
« boules de neige pensantes » sans cesse accrues et
fondues tour à tour dans leur mouvement sur le
terrain des idées... » Et quand Nietzsche croit avoir
enfin secoué le joug de l'idée, on sait le lyrisme
enflammé de son chant de délivrance.

***

Essayons maintenant de préciser brièvement les
différences qui séparent les deux immoralismes.

L'immoralisme du premier genre est plutôt une
thèse psychologique qu'une théorie éthique. Cette
thèse est la conclusion d'une enquête menée par des
psychologues, par des historiens, par des analystes
de la nature humaine qui ont cru constater le peu
d'action des idées morales sur la conduite des individus et sur la vie des peuples. L'immoralisme ainsi
entendu est une attitude de pur intellectuel qui se

désintéresserait volontiers du côté éthique de la question (1).

L'immoralisme du second genre est une théorie éthique. On pourrait dire que c'est une éthique à rebours. Ce n'est plus une attitude de pur intellectuel; mais de combatif, de révolté et d'insurgé. Quand il lance ses anathèmes contre l'Esprit Prêtre, Stirner a lui-même des gestes d'exorciste. Il hait tellement l'esprit, l'idée et autres entités éthiques, qu'il éprouve le besoin de croire à leur réalité afin de pouvoir exhaler contre elle sa fureur tout à son aise. — Bayle croit si peu au pouvoir de la morale qu'il ne songe pas à s'irriter contre elle. L'attaquer lui semblerait enfoncer une porte ouverte. Stirner et Nietzsche, quand ils attaquent la morale, ont l'air de soulever des montagnes, de soutenir le combat de Jacob avec l'Ange, parfois même de batailler comme Don Quichotte contre des moulins à vent.

L'immoralisme du premier genre, étant une thèse psychologique, comporte des degrés, des nuances et des réserves. Parmi ceux qui le professent, il en est qui accordent à l'éducation et à la morale une influence fort faible, il est vrai, mais non rigoureusement nulle. Mesurer cette influence est un problème de dynamique mentale qui peut se poser pour eux. — L'immoralisme du second genre, étant surtout une théorie éthique, a un caractère absolu, — Stirner attaque toute éducation, toute morale. Il

(1) Exception doit être faite pour Fourier, qui est un tempérament de réformateur.

cherche à faire le vide absolu dans l'esprit, au nom
de l'égoïsme.

L'immoralisme du premier genre, comme thèse psychologique et comme attitude intellectuelle, n'est pas
forcément antisocial. — Sans doute cet immoralisme
mène assez naturellement à l'égotisme; mais à un
égotisme spéculatif, limité à la culture du moi, un
égotisme de penseur pour qui la société et lui-même
sont un objet de contemplation. La morale qui
exprime le vœu de la société est, dans cette hypothèse, si peu réelle, si peu gênante ; elle a si peu
d'importance pour le for intérieur ! — On peut de ce
point de vue accorder tout juste à la morale, ainsi
que le fait M. R. de Gourmont, la valeur d'une mode
à laquelle on se plie pour ne pas se faire remarquer, mais qui n'intéresse pas l'être intime et à
laquelle on ne fait aucun sacrifice profond. — D'ailleurs le penseur immoraliste s'est institué un fort
dédain du jugement des hommes. « Il faut, dit
M. Maurice Barrès, opposer aux hommes une surface
lisse, leur livrer l'apparence de soi-même, être
absent. » L'immoralisme du second genre est nettement antisocial. Il attribue en effet une grande
importance à la société comme à la morale. Aux
yeux de Stirner, l'institution sociale, gardienne de
la morale, est surtout odieuse parce qu'elle participe
au caractère sacré de cette dernière. Tout l'appareil
de la police sociale, toutes les « personnalités de
respect », Loi, État, Patrie, représentent aux yeux
de Stirner une puissance formidable, écrasante,

qui appelle infailliblement la révolte des Uniques.

*
* *

Laquelle des deux conceptions est l'expression la plus exacte de la vérité psychologique, éthique et sociale? Nous croyons que la réponse doit varier avec les individus considérés.

Il est des natures faibles, crédules, timorées, apa-thiques, sans grands désirs, sans grandes passions sans besoin d'indépendance, sans ressort intérieur. Pour ces natures, la conception stirnérienne est psychologiquement exacte. L'éducation et la morale ont sur elles de fortes prises.

Mais, d'autre part, pour ces natures, la conception stirnérienne est éthiquement fausse; car précisément parce qu'elles sont sans relief et sans personnalité, ces âmes souffrent peu de la discipline imposée et, en ce qui les concerne, la récolte stirnérienne porte à faux; elle ne trouve pas d'écho en elles.

Il est d'autres natures, riches et fortes, capables de passions vives et en même temps assez douées intellectuellement pour n'être pas dupes des men-songes sociaux. Sur ces natures plus vigoureuses l'éducation et la morale n'ont que des prises épidermiques, et en ce qui les concerne, c'est la conception de Bayle qui exprime la vérité psycho-logique.

Mais il est une catégorie intermédiaire, la plus nombreuse peut-être et la plus intéressante à cause du drame psychologique dont elle présente le spectacle. Elle comprend les âmes qui ont à la fois des passions assez fortes et un sentiment assez vif du devoir. C'est chez ces âmes qu'éclate le conflit cornélien et stirnérien entre la passion et le devoir. Ce sont ces âmes ballottées et inquiètes que Stirner plaint surtout comme les victimes de la morale. Il faut ajouter que le problème éthico-psychologique se complique d'un facteur important : le facteur social et même économique.

La morale qui, réduite à ses propres forces, serait assez faible, est renforcée d'un cortège d'influences sociales : force de l'opinion, crainte des préjugés, des supérieurs hiérarchiques, de tous les gens dont on dépend, de toute l'organisation sociale qui s'arrange toujours pour écraser le faible et l'isolé à la moindre incartade, au premier acte ou à la première parole qui froisse les préjugés. — La morale reçoit de ces auxiliaires un renfort dont elle a bien besoin, et c'est la police sociale plus que la morale qui assène « son rude poing » sur les indépendants et les réfractaires.

C'est ce qu'a bien vu Stirner. Sa pitié révoltée va aux faibles économiquement, à ceux qui ont besoin de la considération des voisins pour vivre et pour manger, à ceux qui, dépendants, sont forcés de compter avec tous les Tartuffes de la morale.

Dans notre société, l'argent donne l'indépendance à l'égard de la morale comme à l'égard des autres servitudes, et c'est pourquoi les immoralistes feront bien d'imiter Philippe, du *Jardin de Bérénice*, quand ce sympathique personnage, désireux de cultiver son moi en paix et en liberté, se décide à faire agir des influences pour obtenir du chef de l'État la con- cession d'un hippodrome suburbain.

ANARCHISME ET INDIVIDUALISME

Les mots anarchisme et individualisme sont fréquemment employés comme synonymes. Des penseurs, fort différents d'ailleurs les uns des autres,
sont qualifiés un peu au hasard tantôt d'anarchistes,
tantôt d'individualistes. C'est ainsi que l'on parle
indifféremment de l'anarchisme ou de l'individualisme
stirnérien, de l'anarchisme ou de l'individualisme
nietzschéen, de l'anarchisme ou de l'individualisme
barrésien (1), etc. Dans d'autres cas, pourtant, cette
identification des deux termes n'est pas regardée
comme possible. On dit couramment : l'anarchisme
proudhonien, l'anarchisme marxiste, l'anarchisme
syndicaliste; mais on ne dira pas : l'individualisme
proudhonien, marxiste, syndicaliste. On parlera bien
d'un anarchisme chrétien ou tolstoïen, mais non
d'un invidualisme chrétien ou tolstoïen.

D'autres fois, on a fondu les deux termes en une
seule appellation : l'*Individualisme anarchiste*. Sous
cette rubrique, M. Basch désigne une philosophie

(1) A vrai dire, la philosophie sociale de Stirner, celle de
Nietzsche et celle de M. Maurice Barrès (dans *Un homme libre*
et dans *l'Ennemi des lois*) mériterait plutôt, comme on le verra
d'après les distinctions que nous allons établir, l'épithète d'individualisme que celle d'anarchisme.

sociale qu'il distingue de l'anarchisme proprement
dit, et dont les grands représentants sont, d'après lui,
un Gœthe, un Byron, un Humboldt, un Schleierma-
cher, un Carlyle, un Emerson, un Kierkegaard, un
Renan, un Ibsen, un Stirner, un Nietzsche (1). Cette
philosophie se résume dans le culte des grands hommes
et l'apothéose du génie. — Pour désigner une telle
doctrine, l'expression d'individualisme anarchiste
nous semble contestable. La qualification d'anarchiste, prise au sens étymologique, semble s'appliquer difficilement à des penseurs de la race des Gœthe,
des Carlyle, des Nietzsche, dont la philosophie semble
au contraire dominée par des idées d'organisation
hiérarchique et de sériation harmonieuse des valeurs.
D'autre part, l'épithète d'individualiste ne s'applique
peut-être pas avec une égale justesse à tous les penseurs qu'on vient de nommer. Si elle convient bien
pour désigner la révolte égotiste, nihiliste et anti-
idéaliste d'un Stirner, elle s'appliquera difficilement
à la philosophie hégélienne, optimiste et idéaliste
d'un Carlyle qui subordonne nettement l'individu à
l'Idée.

Il règne donc une certaine confusion sur l'emploi
des deux termes : anarchisme et individualisme, ainsi
que sur les systèmes d'idées et de sentiments que
ces termes désignent. Nous voudrions ici essayer de
préciser la notion de l'individualisme et en déterminer

(1) Voir Basch, *l'individualisme anarchiste, Max Stirner*,
p. 276 (F. Alcan).

le contenu psychologique et sociologique en le dis-
tinguant de l'anarchisme (1).

* *

Partons d'une distinction nette : celle qu'il convient
d'établir entre un système social et une simple attitude intellectuelle ou sentimentale. Là réside, selon
nous, la différence initiale qui doit être établie entre
anarchisme et individualisme. L'anarchisme, quelle
qu'en soit la formule particulière, est essentiellement
un système social, une doctrine économique, politique
et sociale, qui cherche à faire passer dans les faits un
certain idéal. Même l'amorphisme de Bakounine, qui
se définit par l'absence de toute forme sociale définie,
est encore, après tout, un certain système social. —
Par contre, l'individualisme nous semble être un état
d'âme, une sensation de vie, une certaine attitude intellectuelle et sentimentale de l'individu devant la société.

Nous n'ignorons pas qu'il existe dans la termino-
logie sociologique un certain individualisme qu'on
appelle *Individualisme du droit*. C'est l'individualisme
qui proclame l'identité foncière des individualités
humaines et par suite leur égalité au point de vue du
droit. Il y a là une doctrine juridique et politique
bien définie et non une simple attitude de pensée.

(1) Nous avons essayé de défendre, dans notre livre : *Combat
pour l'Individu*, un certain individualisme qui a été qualifié
par plusieurs critiques d'anarchisme intellectuel. L'épithète
d'anarchiste n'a rien qui nous fasse peur. Mais, pour la clarté
des idées, nous croyons qu'il convient de maintenir distinctes
les deux expressions : anarchisme et individualisme.

Mais il est trop clair que cette doctrine n'a d'individualiste que le nom. En effet, elle insiste exclusive-
ment sur ce qu'il y a de commun chez les individus
humains ; elle néglige de parti pris ce qu'il y a en eux
de divers, de singulier, de proprement individuel ;
bien plus, elle voit dans ce dernier élément une
source de désordre et de mal. On le voit, cette doctrine est plutôt une forme de l'humanisme ou du
socialisme qu'un véritable individualisme.

Qu'est-ce donc que l'individualisme ? Entendu dans
le sens subjectif et psychologique que nous venons
de dire, l'individualisme est un esprit de révolte
antisociale. C'est, chez l'individu, le sentiment d'une
compression plus ou moins douloureuse résultant
de la vie en société ; c'est en même temps une volonté
de s'insurger contre le déterminisme social ambiant
et d'en dégager sa personnalité.

Qu'il y ait lutte entre l'individu et son milieu
social, c'est ce qu'il n'est guère possible de contester.
Une vérité élémentaire de sociologie, c'est qu'une
société est autre chose qu'une somme d'unités. Par
le fait du rapprochement de ces unités, les parties
communes et semblables tendent à se fortifier et à
écraser les parties non communes. Une certaine notion
d'un ordre social extérieur et supérieur aux individus
se forme et s'impose. Elle s'incarne dans des règles,
des usages, des disciplines et des lois, dans toute une
organisation sociale qui exerce une action incessante
sur l'individu. D'autre part, dans tout individu (à des
degrés divers, il est vrai, suivant les individualités)

se font jour des différences de sensibilité, d'intelligence et de volonté qui répugnent au nivellement inséparable de toute vie en société et par suite aussi se font jour des instincts d'indépendance, de jouissance et de puissance qui veulent s'épanouir et qui rencontrent les normes sociales comme autant d'obstacles. Les sociologues et les moralistes qui se placent au point de vue des intérêts de la société ont beau qualifier ces tendances de « vagabondes », d'inconséquentes, d'irrationnelles, de dangereuses ; elles n'en ont pas moins leur droit à l'existence. C'est en vain que la société veut les mater brutalement ou hypocritement ; c'est en vain qu'elle multiplie, contre l'indépendant et le rebelle, les procédés d'intimidation, de vexation et d'élimination ; c'est en vain qu'elle s'efforce, par l'organe de ses moralistes, de convaincre l'individu de sa propre débilité et de son propre néant ; le sentiment du moi — du moi socialement haïssable — reste indestructible en certaines âmes et y provoque invinciblement la révolte individualiste.

* *
*

Deux moments peuvent être distingués dans l'évolution du sentiment individualiste. Au premier moment, l'individu a conscience du déterminisme social qui pèse sur lui. Mais, en même temps, il a le sentiment d'être lui-même une force au sein de ce déterminisme. Force très faible, si l'on veut, mais enfin force capable, malgré tout, de lutter et peut-être de vaincre. En tout cas, il ne veut pas céder sans essayer ses forces contre la société, et il engage la lutte avec elle, comptant sur son énergie, sa souplesse et au besoin son manque de scrupules. C'est l'histoire des grands ambitieux, des lutteurs sans merci pour la puissance. Un Julien Sorel représente ce type dans l'ordre littéraire. Un cardinal de Retz, un Napoléon, un Benjamin Constant le représentent dans l'ordre des faits, à des degrés très inégaux d'énergie, d'absence de scrupules et aussi de succès.

Quelles que soient les qualités déployées par l'individualité forte dans sa lutte pour l'indépendance et la puissance, il est rare qu'elle demeure victorieuse dans cette lutte inégale. La société est trop forte ; elle nous enveloppe d'un réseau trop solide de fatalités pour que nous puissions longtemps triompher d'elle. Le thème romantique de la lutte titanesque de l'individualité forte contre la société ne va jamais sans un leitmotiv de découragement et de désespoir; il aboutit invariablement à un aveu de défaite. « Dieu a jeté, dit Vigny, la terre au milieu de l'air, et de même l'homme au milieu de la destinée. La destinée l'enveloppe et l'emporte vers le but toujours voilé. — Le vulgaire est entraîné; les grands caractères sont ceux qui luttent. — Il y en a peu qui aient combattu toute leur vie; lorsqu'ils se sont laissé emporter par le courant, ces nageurs ont été noyés. — Ainsi Bonaparte s'affaiblissait en Russie, il était malade et ne luttait plus : la destinée l'a submergé. — Caton fut son maître jusqu'à la fin(1). » Un senti-

(1) Vigny, *Journal d'un poète*, p. 25 (éd. Ratisbonne).

ment de révolte impuissante contre les conditions
sociales où le sort l'a jeté remplit les imprécations
romantiques de M. de Couaen. Le testament de
M. de Camors exhale le découragement d'un vaincu.
Les « Fils de Roi », de M. de Gobineau, dans le
roman des *Pléiades*, déclarent la guerre à la société;
mais ils sentent eux-mêmes qu'ils ont affaire à trop
forte partie et que le nombre imbécile les écrasera (1).
Vigny dit encore : « Le désert, hélas! c'est toi, démocratie égalitaire, c'est toi, qui a tout enseveli et pâli
sous tes petits grains de sable amoncelés. Ton en-
nuyeux niveau a tout enseveli et tout rasé. Éternelle-
ment la vallée et la colline se déplacent, et seulement
on voit, de temps à autre, un homme courageux; il
s'élève comme la trombe et fait dix pas vers le soleil,
puis il retombe en poudre, et l'on n'aperçoit plus au
loin que le sinistre niveau de sable (2). » Benjamin
Constant reconnaît l'omnipotence tyrannique de la
société sur l'individu, dans l'ordre du sentiment
comme dans l'ordre de l'action. « Le sentiment le
plus passionné ne saurait lutter contre l'ordre des
choses. La société est trop puissante, elle se reproduit
sous trop de formes, elle mêle trop d'amertume à
l'amour qu'elle n'a pas sanctionné (3)... »

Le sentiment auquel aboutissent les fortes individualités est celui d'une disproportion irrémédiable
entre leurs aspirations et leur destinée. Pris entre

(1) Voir le roman des *Pléiades*, p. 22, 23, etc.
(2) Vigny, *Journal d'un poète*, p. 262.
(3) Benjamin Constant, *Adolphe*, p. 202.

des fatalités contraires, ils se débattent impuissants
et exaspérés. Les aveux de ce genre abondent dans.
Vigny. « Il n'y a dans le monde, à vrai dire, que deux
sortes d'hommes : ceux qui *ont* et ceux qui *gagnent*...
Pour moi, né dans la première de ces deux classes, il
m'a fallu vivre comme la seconde, et le sentiment de
cette destinée qui ne devait pas être la mienne me
révoltait intérieurement (1). » Un Heine présente le
même spectacle d'inadaption douloureuse, ce flotte-
ment et ce déchirement d'une individualité supérieure
tiraillée entre les influences sociales existantes,
entre les idéaux et les partis antagonistes et ne vou-
lant se fixer nulle part. « Ce que le monde poursuit
et espère maintenant, écrit Heine en 1848, est devenu
complètement étranger à mon cœur; je m'incline
devant le destin, parce que je suis trop faible pour lui
tenir tête. »

A côté de ces révoltés de grand style, il en est
d'autres de moindre envergure. Ce sont les mécontents
ordinaires qui, incapables de se dresser seuls contre
une société qu'ils jugent oppressive, unissent leurs
forces à celles d'autres individus qui se sentent également lésés. Ces mécontents forment une petite
société en lutte avec la grande. C'est l'histoire de
toutes les sectes révolutionnaires. Petites à l'origine,
elles tendent à s'élargir et à transformer la société à
leur image. Ainsi entendu, l'esprit de révolte est bien
un dissolvant social ; mais il est en même temps un

(1) Vigny, *Journal d'un poète*, p. 236.

germe de société nouvelle. Il joue un grand rôle dans l'histoire, où il représente l'esprit de changement et de progrès.

Mais, ici encore, l'effort fait par les individus pour secouer les servitudes existantes aboutit à une déception. Une tyrannie abattue est remplacée par une autre. La minorité victorieuse se transforme en majorité tyrannique. C'est là le cercle vicieux de toute politique. Le progrès, dans le sens de l'affranchissement de l'individu, n'est jamais qu'un trompe-l'œil. Il n'y a eu, en réalité, qu'un déplacement d'influences et de servitudes. Sous la poussée de la minorité révolutionnaire, les idées et les sentiments collectifs se sont attachés à d'autres objets, se sont incarnés en un nouvel idéal. Mais, en tant que collectifs et partagés par une grande masse d'hommes, ces idées et ces sentiments tendent aussitôt à devenir impératifs. Cristallisés en dogmes et en normes, ils sont désormais une autorité qui n'admet pas plus la contradiction que l'ancienne autorité détruite. La conclusion logique de ce cercle vicieux de l'histoire semble être celle qu'indique Vigny : l'indifférence en matière politique. « Peu nous importe quelle troupe fait son entrée sur le théâtre du pouvoir (1). »

* * *

Nous arrivons ainsi au second moment de l'indivi-

(1) Vigny, *Journal d'un poète*, p. 161.

dualisme. Le premier moment était la révolte courageuse et confiante de l'individu qui se flattait de
dominer la société et de la façonner suivant son rêve.
Le second est le sentiment de l'inutilité de l'effort.
C'est, en face des contraintes et des fatalités sociales,
une résignation forcée, mêlée malgré tout d'une
hostilité irréductible. L'individualisme est l'éternel
vaincu, jamais dompté. C'est l'Esprit de Révolte si
admirablement symbolisé par Leconte de Lisle dans
son Caïn et dans son Satan.

D'abord, Caïn jette à la face de Dieu son cri de
révolte :

> Pourquoi rôder toujours par les ombres sacrées,
> Haletant comme un loup des bois jusqu'au matin ?
> Vers la limpidité du Paradis lointain
> Pourquoi tendre toujours tes lèvres altérées ?
> Courbe la face, esclave, et subis ton destin.
>
> Rentre dans le néant, ver de terre ! qu'importe
> Ta révolte inutile à Celui qui peut tout ?
> Le feu se rit de l'eau qui murmure et qui bout ;
> Le vent n'écoute pas gémir la feuille morte.
> Prie et prosterne-toi. — Je resterai debout !
>
> Le lâche peut ramper sous le pied qui le dompte,
> Glorifier l'opprobre, adorer le tourment,
> Et payer le repos par l'avilissement ;
> Jahveh peut bénir dans leur fange et leur honte
> L'épouvante qui flatte et la haine qui ment.
>
> Je resterai debout ! Et du soir à l'aurore,
> Et de l'aube à la nuit, jamais je ne tairai
> L'infatigable cri d'un cœur désespéré !
> La soif de la justice, ô Khéroub, me dévore.
> Écrase-moi, sinon, jamais je ne ploierai !

Dans la *Tristesse du Diable*, le poète exprime le découragement du lutteur :

> Les monotones jours, comme une horrible pluie,
> S'amassent, sans l'emplir, dans mon éternité ;
> Force, orgueil, désespoir, tout n'est que vanité ;
> Et la fureur me pèse et le combat m'ennuie.
>
> Presque autant que l'amour la haine m'a menti !
> J'ai bu toute la mer des larmes infécondes.
> Tombez, écrasez-moi, foudres, monceaux des mondes,
> Dans le sommeil sacré que je sois englouti !
>
> Et les lâches heureux, et les races damnées,
> Par l'espace éclatant qui n'a ni fond ni bord,
> Entendront une voix disant : Satan est mort !
> Et ce sera ta fin, œuvre des six journées !

Descendons des hauteurs de ce symbolisme. Ramené à des termes terrestres, l'individualisme est le sentiment d'une antinomie profonde, irréductible, entre l'individu et la société. L'individualiste est celui qui, par vertu de tempérament était prédisposé à ressentir d'une manière particulièrement vive les désharmonies inéluctables entre son être intime et son milieu social. C'est en même temps l'homme à qui la vie a réservé quelque occasion décisive de constater cette désharmonie. En lui, soit par la brutalité, soit par la continuité de ses expériences, s'est avéré ce fait que la société est pour l'individu une perpétuelle génératrice de contraintes, d'humiliations et de misères, une sorte de création continuée de la douleur humaine. Au nom de sa propre expérience et de sa personnelle sensation de vie, l'individualiste se croit en droit de reléguer au rang des utopies tout idéal de société future où s'établirait l'harmonie souhaitée entre l'individu et la société. Loin que le développement de la civilisation diminue le mal, il ne fait que l'intensifier en rendant la vie de l'individu plus compliquée, plus laborieuse et plus dure au milieu des mi le rouages d'un mécanisme social de plus en plus tyrannique. La science elle-même, en intensifiant dans l'individu la conscience des conditions vitales qui lui sont faites par la société, n'aboutit qu'à assombrir ses horizons intellectuels et moraux. *Qui auget scientiam auget et dolorem.*

On voit que l'individualisme est essentiellement un pessimisme social. Sous sa forme la plus modérée, il admet que, si la vie en société n'est pas un mal absolu et complètement destructif de l'individualité, elle est du moins pour l'individu une condition restrictive et oppressive, une sorte de carte forcée, un mal nécessaire et un pis-aller.

Les individualistes qui répondent à ce signalement forment un petit groupe morose dont le verbe révolté, résigné ou désespéré fait contraste avec les fanfares d'avenir des sociologues optimistes. C'est Vigny disant : « L'ordre social est toujours mauvais. De temps en temps il est seulement supportable. Du mauvais au supportable, la dispute ne vaut pas une goutte de sang (1). » C'est Schopenhauer regardant la vie sociale comme le suprême épanouissement de la méchanceté et de la douleur humaine. C'est Stirner,

(1) Vigny, *Journal d'un poète.*

avec son solipsisme intellectuel et moral, perpétuellement en garde contre les duperies de l'idéalisme social et contre la cristallisation intellectuelle
et morale dont toute société organisée menace l'individu. C'est, à certaines heures, un Amiel avec son
stoïcisme douloureux qui perçoit la société comme
une limitation et une compression de sa libre nature
spirituelle. C'est un David Thoreau, le disciple outran-
cier d'Émerson, le « bachelier de la nature », prenant
le parti de s'écarter des voies ordinaires de l'activité
humaine et de devenir un « flâneur » épris d'indépendance et de rêve, « un flâneur dont chaque instant
toutefois serait plus rempli de travail vrai que la vie
entière de pas mal d'hommes occupés ». C'est un
Challemel-Lacour avec sa conception pessimiste
de la société et du progrès. C'est, à certaines
heures peut-être aussi, un Tarde, avec l'individualisme
teinté de misanthrophie qu'il exprime quelque part :
« Il se peut que le flux de l'imitation ait ses rivages
et que, par l'effet même de son déploiement excessif,
le besoin de sociabilité diminue ou plutôt s'altère et
se transforme en une sorte de misanthropie générale, très compatible d'ailleurs avec une circula-
tion commerciale modérée et une certaine activité
d'échanges industriels réduits au strict nécessaire,
mais surtout très propres à renforcer en chacun
de nous les traits distinctifs de notre individualité
intérieure. »

Même chez ceux qui, comme M. Maurice Barrès,
répugnent, par dilettantisme et tenue d'artiste, aux

accents d'âpre révolte ou de pessimisme découragé,
l'individualisme reste un sentiment de « l'impossibilité qu'il y a d'accorder le moi particulier avec le moi
général (1). » C'est une volonté de dégager le premier
moi, de le cultiver dans ce qu'il peut avoir de plus
spécial, de plus poussé et fouillé dans le détail et en
profondeur. « L'individualiste, dit M. Barrès, est
celui qui, par orgueil de son vrai moi, qu'il ne parvient
pas à dégager, meurtrit, souille et renie sans trêve ce
qu'il a de commun avec la masse des hommes... La
dignité des hommes de notre race est attachée exclu-
sivement à certains frissons, que le monde neconnaît ni
ne peut voir et qu'il nous faut multiplier en nous (2). »

Chez tous, l'individualisme est une attitude de sensibilité qui va de l'hostilité et de la défiance à l'indifférence et au dédain vis-à-vis de la société organisée
où nous sommes contraints de vivre, vis-à-vis de ses
règles uniformisantes, de ses redites monotones et
de ses contraintes assujettissantes. C'est un désir
de lui échapper et de se retirer en soi, φυγη μονου προς
μονον. C'est par-dessus tout le sentiment profond de
« l'unicité du moi », de ce que le moi garde malgré
tout d'incompressible et d'impénétrable aux influences sociales. C'est, comme dit M. Tarde, le sentiment
de « la singularité profonde et fugitive des personnes,
de leur manière d'être, de penser, de sentir, qui n'est
qu'une fois et qui n'est qu'un instant (3) ».

(1) M. Barrès, *Un Homme libre.*
(2) *Ibid.*, p. 100.
(3) Tarde, *les Lois de l'imitation*, sub fine F. Alcan).

* *
*

Est-il besoin de montrer combien cette attitude diffère de l'anarchisme ?

Sans doute, en un sens, l'anarchisme procède de l'individualisme (1). Il est en effet la révolte antisociale d'une minorité qui se sent opprimée ou désavantagée par l'ordre de choses actuel. Mais l'anarchisme ne représente que le premier moment de l'individualisme : le moment de la foi et de l'espérance, de l'action courageuse et confiante dans le succès. L'individualisme à son second moment se convertit, comme nous l'avons vu, en pessimisme social.

Le passage de la confiance à la désespérance, de l'optimisme au pessimisme est ici, en grande partie, affaire de tempérament psychologique. Il est des âmes délicates vite froissées au contact des réalités sociales et par suite promptes à la désillusion, un Vigny ou un Heine par exemple. On peut dire que ces âmes appartiennent au type psychologique qu'on a appelé sensitif. En elles le sentiment du déterminisme social, dans ce qu'il a de compressif pour l'individu, se fait particulièrement obsédant et écrasant. Mais il est d'autres âmes qui résistent aux échecs multipliés, qui méconnaissent même les leçons les plus dures de l'expérience et qui restent inébranlables dans leur foi. Ces âmes appartiennent au type actif. Telles ces âmes

(1) Nietzsche a dit en ce sens : « L'anarchisme n'est qu'un moyen d'agitation de l'individualisme » (*Volonté de puissance*, § 337).

d'apôtres anarchistes : un Bakounine, un Kropotkine, un Reclus. Peut-être leur confiance imperturbable dans leur idéal tient-elle à une moindre acuité intellectuelle et émotionnelle. Les raisons de doute et de découragement ne les frappent pas assez vivement pour ternir l'idéal abstrait qu'ils se sont forgé et pour les conduire jusqu'à l'étape finale et logique de l'individualisme : le pessimisme social.

Quoi qu'il en soit, l'optimisme de la philosophie anarchiste n'est pas douteux. Cet optimisme s'étale, souvent simpliste et naïf, dans ces volumes à couverture rouge-sang de bœuf qui forment la lecture familière des propagandistes par le fait. L'ombre de l'optimiste Rousseau plane sur toute cette littérature. L'optimisme anarchiste consiste à croire que les désharmonies sociales, que les antinomies que l'état de choses actuel présente entre l'individu et la société ne sont pas essentielles, mais accidentelles et provisoires, qu'elles se résoudront un jour et feront place à une ère d'harmonie.

L'anarchisme repose sur deux principes qui semblent se compléter, mais qui au fond se contredisent. L'un est le principe proprement individualiste ou libertaire formulé par Guillaume de Humboldt et choisi par Stuart Mill comme épigraphe de son *Essai sur la Liberté* : « Le grand principe est l'importance essentielle et absolue du développement humain dans sa plus riche diversité. » L'autre est le principe humaniste ou altruiste qui se traduit sur le terrain économique par le communisme anarchiste.

— Que le principe individualiste et le principe humaniste se nient l'un l'autre, c'est ce que prouvent à
l'évidence la logique et les faits. Ou le principe individualiste ne signifie rien, ou il est une revendication
en faveur de ce qu'il peut y avoir de divers et d'iné-
gal chez les individus, en faveur des traits qui les
différencient, les séparent et au besoin les opposent.
L'humanisme au contraire, vise à l'assimilation de
l'espèce humaine. Son idéal est, suivant l'expression
de M. Gide, de faire de cette expression : « nos semblables » une réalité. En fait, nous voyons à l'heure
actuelle l'antagonisme des deux principes s'affirmer
chez les théoriciens les plus pénétrants de l'anarchisme, et cet antagonisme logique et nécessaire ne
peut manquer d'amener la désagrégation de l'anarchisme comme doctrine politique et sociale (1).

Quoi qu'il en soit et quelques difficultés que puisse
rencontrer celui qui voudrait concilier le principe
individualiste et le principe humaniste, ces deux
principes rivaux et ennemis se rencontrent du moins
sur ce point qu'ils sont tous deux nettement optimistes. — Optimiste, le principe de Humboldt l'est
en ce qu'il affirme implicitement la bonté originelle

(1) Nous faisons allusion ici à un récent et très intéressant
débat entre deux théoriciens de l'anarchisme, MM. Malato et
Janvion, dans le journal *l'Ennemi du Peuple* (1903) et à une
série d'articles intitulés *Individualisme et Humanisme* et écrits
par M. Janvion dans ce journal. Le conflit entre l'individualisme et l'humanisme est porté à l'aigu dans ce débat, où
M. Janvion, adversaire de l'humanisme, nous semble donner de
beaucoup les meilleures raisons.

de la nature humaine et la légitimité de son libre épanouissement. Il s'oppose à la condamnation chrétienne
de nos instincts naturels, et on conçoit les réserves
que M. Dupont-White, la traducteur de l'*Essai sur la
Liberté*, a cru devoir faire du point de vue spiritualiste
et chrétien (condamnation de la chair) en ce qui
concerne ce principe (1). Non moins optimiste est le
principe humaniste. L'humanisme, en effet, n'est rien
autre chose que la divination de l'homme dans ce
qu'il a de général, de l'espèce humaine et par conséquent de la société humaine. On le voit, l'anarchisme, optimiste en ce qui concerne l'individu,

----

(1) « Eh bien, dit M. Dupont-White, je ne puis croire à ce
dogme! Ce n'est pas chose à proposer aux hommes que de se
montrer tels qu'ils sont, que d'apparaître tout entiers. Si notre
nature était une en ce sens qu'elle fût purement spirituelle, on
pourrait à ce titre encore lui rendre la main et la livrer à tout
son essor : l'égarement ne serait pas à craindre... mais quand un
être porte en lui des impulsions si différentes, si contradictoires,
n'est-il pas bien hasardeux de le convier au développement *de
toute sa nature dans sa plus riche diversité*? Encore un peu et
vous direz comme Fourier que les *passions viennent de Dieu
et que le devoir vient de l'homme*. C'est tout au moins trop de
complaisance pour les penchants très divers, quelques-uns très
saugrenus, qui persistent avec tant d'éclat au-dessus du singe. » La
conclusion est à peu près celle que donnerait M. Brunetière :
« Gardez-vous de provoquer un être ainsi fait et ainsi condi-
tionné à s'épanouir dans toutes ses proportions. Qu'il se cultive
et se manifeste à certains égards, soit : mais surtout qu'il se
borne, qu'il se réduise, qu'il s'efface, tel est l'idéal à son usage.
Au surplus, ceci n'est pas une question : nous ne sommes en
société que pour en tirer ce bénéfice d'une contrainte mutuelle,
je dirais presque d'une mutilation universelle. » (Dupont-
White, préface de l'*Essai sur la Liberté* de St. Mill.)

l'est davantage encore en ce qui concerne la société.
L'anarchisme suppose que les libertés individuelles
livrées à elles-mêmes s'harmoniseraient naturellement et réaliseraient spontanément l'idéal anarchiste
de la société libre.

Quelle est, en regard des deux points de vue opposés, le point de vue chrétien et le point de vue anarchiste, l'attitude de l'individualisme ?

L'individualisme, philosophie réaliste, toute de vie
vécue et de sensation immédiate, répugne également
à ces deux métaphysiques : l'une, la métaphysique
chrétienne, qui affirme *a priori* la perversité originelle ;
l'autre, la métaphysique rationaliste et rousseauiste,
qui affirme non moins *a priori* la bonté originelle et
essentielle de notre nature. — L'individualisme se
place devant les faits. Or ceux-ci lui font voir dans
l'être humain un faisceau d'instincts en lutte les uns
avec les autres et dans la société humaine un groupe-
ment d'individus nécessairement aussi en lutte les uns
avec les autres. Par le fait de ses conditions d'existence, l'être humain est soumis à la loi de la lutte :
lutte intérieure entre ses propres instincts, lutte
extérieure avec ses semblables. Si reconnaître le caractère permanent et universel de l'égoïsme et de la
lutte dans l'existence humaine, c'est être pessimiste,
il faudra donc dire que l'individualisme est pessimiste.
Mais il faut ajouter aussitôt que le pessimisme de
l'individualisme, pessimisme de fait, pessimisme
expérimental en quelque sorte, pessimisme *a poste-
riori*, est totalement différent du pessimisme théolo-

gique qui prononce *a priori*, au nom du Dogme, la condamnation de la nature humaine.

D'autre part, l'individualisme ne se sépare pas moins nettement de l'anarchisme. Si, avec l'anarchisme, il admet le principe de Humboldt comme une expression de la tendance normale et nécessaire de notre nature à son plein épanouissement, il reconnaît en même temps que cette tendance est condamnée à ne jamais se satisfaire, à cause des désharmonies intérieures et extérieures de notre nature (1). En d'autres termes, il considère le développement harmonique de l'individu et de la société comme une utopie. — Pessimiste en ce qui concerne l'individu, l'individualisme l'est davantage encore en ce qui concerne la société : L'homme est par nature un être désharmonique, en raison de la lutte intérieure de ses instincts. Mais cette désharmonie est accrue par l'état de société qui, par un douloureux paradoxe, comprime nos instincts en même temps qu'il les exaspère. En effet, du rapprochement des vouloir-vivre individuels se forme un vouloir-vivre collectif qui devient immédiatement oppressif pour les vouloir-vivre individuels et qui s'oppose de toutes ses forces à leur épanouissement. L'état de société pousse ainsi

(1) M. Metchnikoff, malgré son optimisme, reconnaît pleinement les désharmonies de la nature humaine dans la vie morale et sociale. Il est vrai qu'il semble attendre des progrès de la science une atténuation de ces désharmonies. Voir E. Metchnikoff, *Études sur la nature humaine, Essai de philosophie optimiste*, p. 137 et suiv.

à bout les désharmonies de notre nature ; il les exaspère et les met dans la plus désolante lumière. La société représente ainsi vraiment, suivant la pensée de Schopenhauer, le vouloir-vivre humain à son maximum de désir, de lutte, d'inassouvissement et de souffrance.

*
* *

De cette opposition entre l'anarchisme et l'individualisme en découlent d'autres.

L'anarchisme croit au Progrès. L'Individualisme est une attitude de pensée qu'on pourrait appeler non historique. Il nie le devenir, le progrès. Il voit le vouloir-vivre humain dans un éternel présent. Comme Schopenhauer, avec qui il offre plus d'une analogie, Stirner est un esprit non historique. Il croit lui aussi que c'est chimère d'attendre de demain quelque chose de neuf et de grand. Toute forme sociale, par le fait qu'elle se cristallise, écrase l'individu. Pour Stirner, pas de lendemain utopique, pas de « Paradis à la fin de nos jours » ; il n'y a que l'aujourd'hui égoïste.

L'attitude de Stirner en face de la société est la même que celle de Schopenhauer devant la nature et la vie. Chez Schopenhauer, la négation de la vie reste toute métaphysique et, si l'on peut dire, toute spirituelle. (On se rappelle que Schopenhauer condamne le suicide, qui en serait la négation matérielle et tangible.) De même la rébellion de Stirner contre la société est une rébellion toute spirituelle, toute intérieure, toute d'intention et de volonté intime. Elle n'est pas, comme chez un Bakounine, un appel à la pandestruction. Elle est, à l'égard de la société, un simple acte de défiance et d'hostilité passive, un mélange d'indifférence et de résignation méprisante. Il ne s'agit pas pour l'individu de lutter contre la société ; car la société sera toujours la plus forte. Il faut donc lui obéir, — lui obéir comme un chien. Mais Stirner, tout en lui obéissant, garde pour elle, en guise de consolation, un immense mépris intellectuel. C'est à peu près l'attitude de Vigny vis-à-vis de la nature et de la société. « Un désespoir paisible, sans convulsions de colère et sans reproches au ciel, est la sagesse même (1). » Et encore : « Le silence sera la meilleure critique de la vie. »

L'anarchisme est un idéalisme exaspéré et fou. L'individualisme se résume en un trait commun à Schopenhauer et à Stirner : un impitoyable réalisme. Il aboutit à ce qu'un écrivain allemand appelle une « désidéalisation » (*Entidealisierung*) (2) foncière de la vie et de la société. « Un idéal n'est qu'un pion, » dit Stirner. — A ce point de vue, Stirner est le représentant le plus authentique de l'individualisme. Son verbe glacé saisit les âmes d'un tout autre frisson que le verbe enflammé et radieux d'un Nietzsche. Nietzsche reste un idéaliste impénitent, impérieux, violent. Il idéalise l'humanité supérieure. Stirner

(1) Vigny, *Journal d'un poète*, p. 32.
(2) L'expression est de M. J. Volkelt, dans son livre : *A. Schopenhauer, seine Persönlichkeit, seine Lehre, sein Glaube*, p. 47.

représente la plus complète désidéalisation de la nature et de la vie, la plus radicale philosophie du désabusement qui ait paru depuis l'Ecclésiaste.

Pessimiste sans mesure ni réserve, l'individualisme est absolument antisocial, à la différence de l'anarchisme, qui ne l'est que relativement (par rapport à la société actuelle).

L'anarchisme admet bien une antinomie entre l'individu et l'État, antinomie qu'il résout par la suppression de l'État ; mais il ne voit aucune antinomie foncière, irréductible, entre l'individu et la société. L'anarchisme, s'il anathémise l'État, absout et divinise presque la société. C'est que la société représente à ses yeux une croissance spontanée (Spencer), tandis que l'État est une organisation artificielle et autoritaire(1). Aux yeux de l'individualiste, la société est tout aussi tyrannique, sinon davantage, que l'État. La société, en effet, n'est autre chose que l'ensemble des liens sociaux de tout genre (opinion, mœurs, usages, convenances, surveillance mutuelle, espionnage plus ou moins discret de la conduite des autres, approbations et désapprobations morales, etc.). La société ainsi entendue constitue un tissu serré de tyrannies petites et grandes, exigeantes, inévitables, incessantes, harcelantes et impitoyables, qui pénètrent dans les détails de la vie individuelle bien plus profondément et plus continûment que ne peut le faire la contrainte étatiste. D'ailleurs, si l'on

(1) Voir aussi, sur ce point, Bakounine, *Fédéralisme, socialisme et antithéologisme*, p. 285 et suiv.

y regarde de près, la tyrannie étatiste et la tyrannie
des mœurs procèdent d'une même racine : l'intérêt
collectif d'une caste ou d'une classe qui désire
établir ou garder sa domination et son prestige.
L'opinion et les mœurs sont en partie le résidu d'anciennes disciplines de caste en voie de disparaître, en
partie le germe de nouvelles disciplines sociales
qu'apporte avec elle la nouvelle classe dirigeante en
voie de formation. C'est pourquoi, entre la contrainte
de l'État et celle de l'opinion et des mœurs, il n'y a
qu'une différence de degré. Elles ont au fond même
but : le maintien d'un certain conformisme moral
utile au groupe et mêmes procédés : vexation et élimination des indépendants et des réfractaires. La
seule différence est que les sanctions diffuses (opinion
et mœurs) sont plus hypocrites que les autres.

Proudhon a raison de dire que l'État n'est que le
miroir de la société. Il n'est tyrannique que parce
que la société est tyrannique. Le gouvernement,
suivant la remarque de Tolstoï, est une réunion
d'hommes qui exploitent les autres et qui favorisent
surtout les méchants et les fourbes. Si telle est la
pratique du gouvernement, c'est que telle est aussi
celle de la société. Il y a adéquation entre ces deux
termes : État et société. L'un vaut ce que vaut
l'autre. L'esprit grégaire ou esprit de société n'est
pas moins oppressif pour l'individu que l'esprit étatiste ou l'esprit prêtre, qui ne se maintiennent que
grâce à lui et par lui. Chose étrange ! Stirner lui-
même semble partager, sur les rapports de la

société et de l'État, l'erreur d'un Spencer et d'un Bakounine. Il proteste contre l'intervention de l'État
dans les actes de l'individu, mais non contre celle de
la société. « Devant l'individu, l'État se ceint d'une
auréole de sainteté ; il fait par exemple une loi sur le
duel. Deux hommes qui conviennent de risquer leur
vie afin de régler une affaire (quelle qu'elle soit) ne
peuvent exécuter leur convention parce que l'État
ne le veut pas ; ils s'exposeraient à des poursuites
judiciaires et à un châtiment. Que devient la liberté
de l'arbitre ? Il en est tout autrement là où, comme
dans l'Amérique du Nord, la société décide de faire
subir aux duellistes certaines *conséquences* désagréables de leur acte et leur retire, par exemple, le
crédit dont ils avaient joui antérieurement. Refuser
son crédit est l'affaire de chacun, et s'il plaît à une
société de le retirer à quelqu'un pour l'une ou l'autre
raison, celui qu'elle frappe ne peut pas se plaindre
d'une atteinte à sa liberté : la société n'a fait qu'user
de la sienne. La société dont nous parlions laisse
l'individu parfaitement libre de s'exposer aux suites
funestes ou désagréables qu'entraînera sa manière
d'agir et laisse pleine et entière sa liberté de vouloir.
L'État fait précisément le contraire : il dénie toute
légitimité à la volonté de l'individu et ne reconnaît
comme légitime que sa propre volonté, la loi de
l'État (1). » — Étrange raisonnement. La loi ne me
frappe pas. — En quoi suis-je plus libre si la société

(1) Stirner, *l'Unique* (trad. Reclaire, p. 286).

me boycotte ? De tels raisonnements légitimeraient tous les attentats d'une opinion publique infectée de bigoterie morale contre l'individu. C'est sur de tels raisonnements qu'est bâtie la légende de la liberté individuelle dans les pays anglo-saxons (1). Stirner sent bien lui-même le vice de son raisonnement, et il en arrive un peu plus loin à sa célèbre distinction entre *société* et *association*. Dans l'une (la société), l'individu est pris comme moyen ; dans l'autre (l'association), il se prend lui-même comme fin et traite l'association comme un moyen de puissance et de jouissance personnelle : « Tu apportes dans l'association toute ta puissance, toute ta richesse, et tu t'y fais *valoir*. Dans la société, toi et ton activité *êtes utilisés*. Dans la première, tu vis en égoïste ; dans la seconde, tu vis en homme, c'est-à-dire religieusement : tu y travailles à la vigne du Seigneur. Tu dois à la société tout ce que tu as, tu es son obligé et tu es obsédé de devoirs sociaux ; à l'association, tu ne dois rien ; elle te sert, et tu la quittes sans scrupule dès que tu n'as plus d'avantages à en tirer... » « Si la société est plus que toi, tu la feras passer avant toi, et tu t'en feras le serviteur ; l'association est ton outil, ton arme, elle aiguise et multiplie ta force naturelle. L'association

---

(1) Ce qui prouve encore qu'il y a parallélisme entre État et société et que le libéralisme de l un vaut celui de l'autre, c'est la récente mesure prise par l'État américain contre l'écrivain russe Gorki dans les circonstances qu'on sait. — Une telle mesure, qui heureusement paraîtrait impossible et ridicule en France, n'est possible là-bas que grâce à un certain état de l'opinion publique.

n'existe que pour toi, et par toi, la société au contraire te réclame comme son bien et elle peut exister sans toi. Bref, la société est sacrée et l'association est *ta propriété*, la société se sert de toi et tu te sers de l'association (1). »

Distinction vaine, s'il en fut! Où fixer la limite entre société et association ? L'association ne tend-elle pas, de l'aveu de Stirner, à se cristalliser aussitôt en société?

De quelque façon qu'il s'y prenne, l'anarchisme est dans l'impossibilité de concilier les deux termes antinomiques : société, liberté individuelle. La société libre rêvée par lui est une contradiction dans les termes. C'est du fer en bois, c'est un bâton sans bout. Parlant des anarchistes, Nietzsche écrit : « On peut déjà lire sur tous les murs et sur toutes les tables leur mot de l'avenir : *société libre*. — Société libre ! Parfaitement ! Mais je pense que vous savez, messieurs, avec quoi on la construit ? — Avec du bois en fer (2)... » L'individualisme est plus net et plus franc que l'anarchisme. Il met État et société et association sur le même plan ; il les renvoie dos à dos et les jette autant que possible par-dessus bord. « Toutes les associations ont les défauts des couvents, » dit Vigny.

Antisocial, l'individualisme est volontiers immoraliste. Ceci n'est pas vrai d'une façon absolue. Chez un Vigny, l'individualisme pessimiste se concilie avec un stoïcisme moral hautain, sévère et pur. Toutefois,

(1) Stirner, *L'Unique*, éd. Reclaire, p. 383.
(2) Nietzsche, *Le Gai savoir*, § 356.

même chez Vigny, un élément immoraliste subsiste : une tendance à désidéaliser la société, à disjoindre et à opposer les deux termes : société et moralité, et à regarder la société comme une génératrice fatale de lâcheté, d'inintelligence et d'hypocrisie. « *Cinq-Mars Stello, Servitude et Grandeur militaires* sont les chants d'une sorte de poème épique sur la désillusion ; mais ce ne sera que des choses sociales et fausses que je ferai perdre et que je foulerai aux pieds les illusions ; j'élèverai sur ces débris, sur cette poussière, la sainte beauté de l'enthousiasme, de l'amour, de l'honneur (1)... » Il va sans dire que chez un Stirner, un Stendhal, l'individualisme est immoraliste sans scrupule ni réserve. — L'anarchisme est imbu d'un moralisme assez grossier. La morale anarchiste, pour être sans obligation ni sanction, n'en est pas moins une morale. C'est au fond la morale chrétienne, abstraction faite de l'élément pessimiste que renferme cette dernière. L'anarchiste suppose que les vertus nécessaires à l'harmonie sociale fleuriront d'elles-mêmes. Ennemie de la coercition, la doctrine accorde la faculté de puiser dans les magasins généraux aux paresseux eux-mêmes. Mais l'anarchiste est persuadé que, dans la cité future, des paresseux seront très rares ou même qu'il n'y en aura pas.

* *

Optimiste et idéaliste, imbu d'humanisme et de

(1) *Journal d'un poète*, p. 17.

moralisme, l'anarchisme est un dogmatisme social.
Il est une « cause », au sens que Stirner donne à ce
mot. Autre chose est une « cause », autre chose une
simple attitude d'âme individuelle. Une cause implique une adhésion commune à une idée, une
croyance partagée et un dévoûment à cette croyance.
Tel n'est pas l'individualisme. L'individualisme est
antidogmatique et peu enclin au prosélytisme. Il
prendrait volontiers pour devise le mot de Stirner :
« Je n'ai mis ma cause en rien. » Le véritable individualiste ne cherche pas à communiquer aux autres sa
propre sensation de la vie et de la société. A quoi
bon ? *Omne individuum ineffabile.* Persuadé de la
diversité des tempéraments et de l'inutilité d'une
règle unique, il disait volontiers avec David Thoreau :
« Je ne voudrais pas pour tout au monde que
quelqu'un adoptât ma façon de vivre : car, sans
compter qu'avant qu'il l'ait bien apprise, j'en aurai
peut-être découvert une autre, — je voudrais qu'il y
eût au monde autant de personnes différentes que
possible ; mais je voudrais que chacun prît bien soin
de suivre son chemin à lui et non pas celui de son
père, de sa mère ou de son voisin. » L'individualiste
sait qu'il y a des tempéraments réfractaires à l'individualisme et qu'il serait ridicule de vouloir les
convaincre. Au yeux d'un penseur épris de solitude
et d'indépendance, d'un méditatif, d'un pur adepte
de la vie intérieure comme Vigny, la vie sociale et ses
agitations apparaissent comme quelque chose de
factice, de truqué, d'exclusif de tout sentiment

sincère et fortement senti. Et inversement ceux qui
par tempérament éprouvent un impérieux besoin de
vie et d'action sociale, ceux qui se lancent dans la
mêlée, ceux qui ont des enthousiasmes politiques et
sociaux, ceux qui croient à la vertu des ligues et des
groupements, ceux qui ont sans cesse à la bouche ces
mots : l'Idée, la Cause..., ceux qui croient que demain
apportera quelque chose de neuf et de grand, ceux-
là méconnaissent et dédaignent nécessairement le
méditatif, qui abaisse devant la foule la *herse* dont
parle Vigny. La vie intérieure et l'action sociale sont
deux choses qui s'excluent. Les deux sortes d'âmes
ne sont pas faites pour se comprendre. En antithèse
qu'on lise d'un côté les *Aphorismes de Schopenhauer
sur la Sagesse dans la vie*, cette bible d'un individualisme réservé, défiant et triste, ou le *Journal
intime* d'Amiel, ou le *Journal d'un poète* de Vigny;
d'un autre côté, qu'on lise un Benoît Malon, un Élisée
Reclus ou un Kropotkine, et on verra l'abîme qui
sépare les deux sortes d'âmes.

Si l'on demande maintenant quels sont les traits
les plus saillants du dogmatisme anarchiste, on peut
répondre que le premier et le plus important de ces
traits est l'intellectualisme ou le scientisme. Quelles
que soient les différences qui séparent le marxisme
orthodoxe et l'anarchisme traditionnel, on peut les
considérer, suivant la fine remarque de M. Ed. Berth,
comme « les deux aspects divergents, mais complé-
mentaires d'une même psychologie sociale, de cette
psychologie sociale très intellectualiste et très ratio-

naliste qui a régné dans la seconde moitié du dernier
siècle (1) ». Ce qui caractérise l'anarchisme, c'est la
foi en la science. Les anarchistes sont en général de
grands liseurs, des fervents de la science. C'est aussi
la foi en l'efficacité de la science pour fonder une
société rationnelle. « Personne, dit M. Berth, n'a
voué à la Science un culte plus fervent, personne n'a
cru à la vertu de la science avec plus d'ardente foi
que les anarchistes individualistes. Ils ont toujours
opposé la Science à la Religion et conçu la Libre
pensée comme une anti-Église... » « Mais, ajoute
M. Berth, il convient d'insister sur cette religion de
la Science si éminemment développée chez les anarchistes individualistes. Il y a deux parties dans la
Science : l'une formelle, abstraite, systématique,
dogmatique, sorte de cosmologie métaphysique, très
éloignée du réel et prétendant cependant enserrer ce
réel divers et prodigieusement complexe dans l'unité
de ses formules abstraites et simples ; c'est la *Science
tout court, avec un grand S,* la Science *une,* qui
prétend faire pièce à la Religion, lui opposer solution à solution et donner du monde et de ses
origines une explication rationnelle, — et il y a les
sciences, diverses, concrètes, ayant chacune leur
méthode propre, adaptée à leur objet particulier, —
sciences qui serrent le réel d'aussi près que
possible et ne sont de plus en plus que des *techniques*

(1) Édouard Berth, *Anarchisme individualiste, marxisme
orthodoxe, syndicalisme révolutionnaire* (*Mouvement socialiste
du 1er mai 1905,* p. 11).

raisonnées. Ici, la prétendue *unité de la science* est rompue. Il va de soi que la partie formelle et métaphysique est celle qu'ont surtout cultivée les anarchistes. Elle procure à ceux qui s'y adonnent une ivresse intellectuelle qui leur donne une formidable illusion de puissance. Elle remplace la religion, elle comble le vide laissé dans l'âme par la foi évanouie. On possède le monde; on le tient en quelques formules simples et claires : quel empire! et quelle revanche pour un isolé, un solitaire, un sauvage! il échappe à la faiblesse et à la misère inhérentes à sa solitude, et le voilà maître de l'Univers (1)! » — De cet intellectualisme scientiste découle l'autoritarisme anarchiste. « L'intellectualisme anarchiste — il n'échappe pas à la loi de tout intellectualisme — aboutit ainsi au plus parfait autoritarisme. C'est fatal. Il n'y a pas place pour la liberté dans un système intellectualiste, quel qu'il soit. La liberté, c'est l'invention, le droit et le pouvoir de trouver quelque chose de nouveau, d'ajouter du neuf à l'univers : mais s'il y a une vérité une et universelle, qui nous est révélée par la religion ou par la science, et en dehors de laquelle il n'y a ni bonheur individuel, ni ordre social, la liberté n'a pas de raison d'être, elle n'existe que négativement; la science réclame la liberté *contre* la religion, et quand la science domine, la religion réclame la liberté *contre* la science; mais comme il ne peut exister deux vérités unes et uni-

(1) Ed. Berth, *loc. cit.*, p. 14.

verselles, il faut que l'une extermine l'autre ; car, s'il
y a une vérité, c'est au nom de cette vérité une que
doit se réaliser l'unité sociale, l'unité morale, nationale,
internationale, humaine (1). » — L'intellectualisme
scientiste a marqué de son empreinte tous les plans
de réorganisation sociale d'après les ·formules anarchistes. Les premiers théoriciens de l'anarchie font
appel à des considérations cosmologiques, physiques,
biologiques aussi prétentieuses que nuageuses (2).

(1) Ed. Berth., *loc. cit.*, p. 14.

(2) On peut se reporter sur ce point à un numéro de *la Plume*
datant de l'époque héroïque de l'anarchie (mai 1893). Ce numéro
contient un exposé théorique des fondements scientifiques de
l'anarchisme par André Veydaux et un plan de la société
future aux points de vue économique, politique, sexuel,
moral, etc., par les principaux écrivains anarchistes de l'époque.
Voici un échantillon des rêveries pseudo-scientifiques de
M. André Veydaux, où il s'appuie sur l'autorité de M. de
Lanessan : « L'atome se meut librement dans sa sphère équili-
brée par la gravitation de l'atomisme ambiant. Le témoignage
de la nature est irrécusable. Minéralité, végétalité, animalité
présentent dans leurs manifestations intimes le spectacle de
l'harmonie dans l'autonomie. »... « La centralisation existe-
t-elle réellement chez les êtres pluricellulaires ? Leurs cellules
sont-elles divisées en cellules dominatrices et en cellules obéis-
santes, en maîtres et en sujets ? Tous les faits que nous connaissons répondent négativement avec la plus grande netteté. Je
n'insisterai pas sur l'autonomie réelle dont jouit chacune des
cellules de tout organisme pluricellulaire ; car, s'il est vrai que
toutes dépendent les unes des autres, il est *vrai aussi que
aucune ne commande aux autres* et que les organismes pluricellulaires même les plus élevés ne *sont en aucune façon compa-
rables à une monarchie ni à toute autre gouvernement autori-
taire et centralisé.* Autonomie et solidarité, telle serait la base
d'une société qui aurait été construite sur le modèle des êtres
vivants... (De Lanessan, *le Transformisme*). « La société, con-

La biologie notamment est invoquée à tout propos à l'appui des utopies anarchistes. C'est elle qui nous montre chez les êtres vivants le spectacle de « l'autonomie dans l'harmonie » et nous invite à réaliser cet idéal dans les sociétés humaines. C'est elle qui nous suggère l'idée égalitaire de l'équivalence des fonctions et des organes dans l'organisme biologique et, par analogie, dans l'organisme social. L'idée vague d'évolution intervient comme un *deus ex machina* pour résoudre les difficultés. — C'est également du progrès de la science qu'on attend le bien-être futur de l'humanité. Le progrès scientifique et mécanique engendrera un tel regorgement de richesses que la « prise au tas » suffira comme moyen de répartition (1).

Il va de soi que l'individualisme ne retient rien de ces rêveries pseudo-scientifiques. Pour l'individualiste, la Science n'existe pas; il existe seulement

tinue M. A. Veydaux, fonctionnera de l'individu aux groupes polymorphes, occasionnels, mobiles; du groupement au faisceau de groupements homologues et équivalents, fédérations ou corporations, et ainsi de suite jusqu'à l'extrême association; ce sera le libre jeu des individualités; ce sera la variété dans l'unité; car c'est le spectacle public *de l'Harmonie naturelle,* c'est la *loi de l'Évolution,* c'est la condition *sine qua non* de l'existence des sociétés humaines. »

Plus loin le théoricien se transforme en poète (?) :

Tous bateaux ont bien libre jeu en même port,
Pesant sur l'eau d'un proportionnel effort;
Par le gros vaisseau l'esquif est-il étouffé ?

(*La Plume*, mai 1893.)

(1) C'est ce communisme fainéant que Proudhon flétrissait par avance dans son fameux pamphlet du *Droit à la Paresse.*

des sciences, c'est-à-dire des méthodes d'investigation.
plus ou moins prudentes et sûres. Rien de plus
contraire au véritable esprit scientifique que le scientisme unitaire dont il a été question plus haut. —
L'individualiste d'ailleurs est médiocrement ami de
l'intellectualisme, où il voit avec raison une menace
d'autoritarisme. Avec les Bayle, les Stendhal, les
Fourier, il nie volontiers l'action de l'idée sur la
conduite; il limite le champ de la prévoyance, il
appelle de ses vœux la liberté et le hasard. La prévoyance nous forge des chaînes; elle nous rend
prudents, timorés, calculateurs. L'individualiste
chante volontiers avec Stirner l'heureuse liberté de
l'instant, il se défie des généralisations de la sociologie qui, pour être une science inexacte, n'en est
pas moins despotique; il s'insurge contre l'oligarchie
de savants rêvée par M. Berthelot avec autant de
vanité que les anciens papes rêvaient d'une théocratie
universelle. L'individualiste aime peu les plans de
réorganisation sociale; son attitude en face de ces
problèmes est celle, toute négative, définie par
l'*Ennemi des Lois* de M. Barrès : « Que mettrez-vous
à la place, m'allez-vous dire? Je l'ignore, quoique
j'en sois fort curieux. Entraîné à détruire tout ce qui
est, je ne vois rien de précis à substituer là. C'est la
situation d'un homme qui souffre de brodequins trop
étroits : il n'a souci que de les ôter... De toute
sincérité, je me crois d'une race qui ne vaut que pour
comprendre et désorganiser (1). »

(1) M. Barrès, *l'Ennemi des lois*, p. 25.

*
* *

Les différences qui viennent d'être indiquées du point de vue théorique entre l'anarchisme et l'individualisme en entraînent d'autres sur le domaine de la pratique.

La ligne de conduite recommandée par l'individualisme vis-à-vis de la société établie diffère notablement de celle que prescrit l'anarchisme.

Pour l'individualiste, le problème qui se pose est celui-ci : Comment faire pour vivre dans une société regardée comme un mal nécessaire?

La seule solution radicale que comporte le pessimisme social serait, ce semble, le suicide ou la retraite dans les bois. Mais si, à tort ou à raison, l'individualiste répugne à cette extrémité, une autre solution se présente à lui, solution non plus radicale, mais seulement approchée, relative, fondée sur un accommodement aux nécessités de la vie pratique. — Le problème est ici analogue à celui que Schopenhauer s'est posé au début des *Aphorismes sur la sagesse dans la vie*. Il s'agit pour lui d'exposer un art de rendre la vie aussi agréable et aussi heureuse que possible, ou, selon son expression, une « eudémonologie ». Or, l'idée d'une telle eudémonologie est en contradiction directe avec la conception générale que Schopenhauer s'est faite de la vie. Par conséquent l'eudémonologie qu'il va exposer sera expressément donnée par lui comme une philosophie inférieure, exotérique, faite du point de vue de l'erreur, une

concession à la faiblesse humaine et aux nécessités
de la vie pratique. « Pour pouvoir traiter cette question, dit Schopenhauer, j'ai dû m'éloigner entièrement
du point de vue élevé, métaphysique et moral,
auquel conduit ma véritable philosophie. Tous les
développemen's qui vont suivre sont donc fondés,
dans une certaine mesure, sur un accommodement,
en ce sens qu'ils se placent au point de vue habituel,
empirique, et en conservent l'erreur (1). » Exactement
de la même façon, il est permis à l'individualiste, au
pessimiste social de se demander comment il pourra
s'arranger pour réaliser le maximum d'indépendance
relative, compatible avec un état social forcément
oppressif et tyrannique. Il s'agit d'un problème pratique qui consiste à relâcher le plus possible les
chaînes sociales, à reculer le plus possible les entraves que la société inflige à l'individu, à établir une
sorte de transaction et de *modus vivendi* tolérable
pour l'individu condamné à vivre en société.

La tactique de l'individualiste contre la société sera
infiniment plus complexe, plus délicate, plus riche,
plus nuancée et plus variée que celle, grossière et
brutale, de l'anarchisme. — Chacun ici pourra se
faire son plan de vie individuelle, se composer un
recueil de recettes pratiques pour louvoyer avec la
société, pour lui échapper dans la mesure du possible,
pour passer à travers les mailles du filet dont elle
l'enserre ou, si l'on préfère, pour glisser entre les

(1) Schopenhauer, *Aphorismes sur la sagesse*, Introduction
(F. Alcan).

embûches sociales, en ne laissant que le moins possible de laine aux ronces du chemin.

Cette tactique peut porter sur deux points : 1° œuvre d'affranchissement extérieur de l'individu vis-à-vis des relations et influences sociales où il se trouve engagé (cercles sociaux et autorités dont il dépend) ; 2° méthode d'affranchissement intérieur ou hygiène intellectuelle et morale propre à fortifier en soi les sentiments d'indépendance et d'individualisme.

Sur le premier point, on pourrait peut-être, en s'aidant des observations et des préceptes des moralistes individualistes, dresser un petit programme qui comporterait les articles suivants :

a. Réduire au minimum les relations et les assujettissements extérieurs. Pour cela, simplifier sa vie ; ne s'engager dans aucun lien, ne s'affilier à aucun groupe (ligues, partis, groupements de tout genre), capable de retrancher quelque chose à notre liberté (Précepte de Descartes). Braver courageusement le *Væ soli*. Cela est souvent utile ;

b. Si le manque d'indépendance économique ou la nécessité de nous défendre contre des influences plus puissantes et plus menaçantes nous contraint de nous engager dans ces liens, ne nous lier que d'une façon absolument conditionnelle et révocable et seulement dans la mesure où notre intérêt égoïste l'ordonne ;

c. Pratiquer contre les influences et les pouvoirs la tactique défensive qui peut se formuler ainsi : *Divide ut liber sis*. Mettre aux prises les influences

et les pouvoirs rivaux ; maintenir soigneusement
leurs rivalités et empêcher leur collusion toujours
dangereuse pour l'individu. S'appuyer tantôt sur
l'un, tantôt sur l'autre, de manière à les affaiblir et
les neutraliser l'un par l'autre. Amiel reconnut les
heureux effets de cette tactique. « Tous les partis,
dit-il, visent également à l'absolutisme, à l'omnipotence dictatoriale. Heureusement qu'ils sont
plusieurs et qu'on pourra les mettre aux prises (1) » ;

d. En vertu de ce jeu de bascule, quand un pouvoir acquiert une prépondérance par trop forte, il
devient, de droit, l'ennemi. A ce point de vue,
l'individualisme peut admettre parfaitement l'existence de l'État, mais d'un État faible, dont l'existence est assez précaire et menacée pour qu'il soit
besoin de ménager les individus ;

e. S'accommoder en apparence de toutes les lois,
de tous les usages auxquels il est impossible de se
dérober. Ne pas nier ouvertement le pacte social ;
biaiser avec lui quand on est le plus faible. L'individualiste, d'après M. R. de Gourmont, est celui qui
« nie, c'est-à-dire détruit dans la mesure de ses forces
le principe d'autorité. C'est celui qui, chaque fois
qu'il le peut faire sans dommage, se dérobe sans
scrupule aux lois et à toutes les obligations sociales.
Il nie et détruit l'autorité en ce qui le concerne per-
sonnellement ; il se rend libre autant qu'un homme
peut être libre dans nos sociétés compliquées (2) ».

(1) Amiel, *Journal intime,* II, p. 88.
(2) R. de Gourmont, *Épilogues,* II, p. 308.

Les préceptes relatifs à l'attitude politique méritent
une mention spéciale. En principe, l'individualisme
est indifférent aux régimes politiques par ce qu'il
est également hostile à tous. L'idée-mère de *Stello*
est que tous les régimes politiques : monarchie (Voir
l'*Histoire d'une puce enragée*), république bourgeoise
(*Histoire de Chatterton*), république jacobine (*une
Histoire de la Terreur*), persécutent également le
poète, c'est-à-dire l'individualité supérieure, géniale
et indépendante. « Donc, dit Stello, constatant cet
ostracisme perpétuel, des trois formes du Pouvoir
possibles, la première nous craint, la seconde nous
dédaigne comme inutiles, la troisième nous hait et
nous nivelle comme supériorités aristocratiques.
Sommes-nous donc les ilotes éternels des sociétés ? »
David Thoreau refusait de voter et appelait la politique : « quelque chose d'irréel, d'incroyable et
d'insignifiant ». — Toutefois il est des cas où l'individu peut utilement s'occuper de politique. Cela
peut être un moyen pour lui de combattre et de neutraliser d'autres influences sociales dont il souffre.
— D'autre part, par le fait même qu'il est, en principe, également défiant à l'égard de tous les régimes,
l'individualisme peut, en pratique, s'accommoder de
tous et se concilier avec toutes les opinions (1).

(1) C'est peut-être de ce point de vue qu'il est possible de
concilier le conservatisme politique de M. Barrès avec ses idées
individualistes développées dans *Un Homme libre* et dans
l'Ennemi des lois. Peut-être aussi M. Barrès joue-t-il le jeu de
bascule qui consiste à traiter en ennemi le parti le plus fort.
Ou, peut-être, obéit-il à une appréhension de sa sensibilité

TABLE DES MATIÈRES

I

II

III

IV

V

AVANT-PROPOS

On s'est proposé d'étudier ici quelques aspects de la sensibilité individualiste et quelques attitudes intellectuelles voisines de l'individualisme, telles que l'immoralisme et l'anarchisme.

Le titre de ce livre indique l'absence de préoccupations dogmatiques. On ne veut ici formuler que les *placita* d'une sensibilité particulière qui ne vise pas à universaliser ses préférences.

Aussi bien, l'individualisme n'est-il pas objet de prosélytisme. Il n'a de valeur à ses propres yeux que s'il est une personnelle sensation de vie.

———

Parmi les individualistes, il en est qui sont particulièrement sévères pour la démocratie. D'autres s'inspirent de M. Bergeret, qui se rallie à elle comme au régime le moins dogmatique et le moins unitaire. « La démocratie, dit M. Bergeret, est encore le régime que je préfère. Tous les liens y sont relâchés, ce qui affaiblit l'État, mais soulage les personnes et procure une certaine facilité de vivre et une liberté que détruisent malheureusement les tyrannies locales. »

A côté de la tactique extérieure qui vient d'être exposée prend place une méthode d'hygiène intellectuelle et morale qui a pour but de maintenir notre indépendance intérieure. Elle pourrait aussi se résumer en ces quelques préceptes :

a. Cultiver en soi le scepticisme social, le dilettantisme social et toutes les attitudes de pensée qui ressortissent à l'individualisme ;

b. Se pénétrer du caractère précaire, fictif (1) et, au fond, facultatif du pacte social et de la nécessité

---

d'artiste. Voyant, à tort ou à raison, dans le socialisme montant l'avènement d'une barbarie mortelle à l'individualité et à l'art, il se réfugie, toujours par le même jeu de bascule, dans le parti le plus rigidement conservateur et traditionnaliste. — Il convient d'ajouter d'ailleurs que l'attitude individualiste de M. Barrès n'est pas toujours bien nette. S'il semble bien individualiste dans *l'Ennemi des lois* et *Un Homme libre*, d'autre part, dans un curieux opuscule intitulé : *De Hegel aux cantines du Nord*, il semble recommander un véritable anarchisme fédéraliste.

(1) Voir l'article du Dr Toulouse intitulé : *le Pacte social* (*Journal*, juillet 1905).

pour l'individu de corriger ce que ce pacte a de trop
tyrannique par toutes les ressources de la casuistique
individualiste la plus tolérante et la plus large ;

c. Méditer et observer ce précepte de Descartes
écrivant de Hollande : « Je me promène parmi les
hommes comme s'ils étaient des arbres. » S'isoler,
se retirer en soi, regarder les hommes autour de soi
comme les arbres d'une forêt ; voilà une véritable
attitude individualiste ;

d. Méditer et observer ce précepte de Vigny :
« Séparer la vie poétique de la vie politique, » ce qui
revient à séparer la vie vraie, la vie de la pensée et
du sentiment, de la vie extérieure et sociale ;

e. Pratiquer cette double règle de Fourier : Le
Doute absolu (de la civilisation), et l'Écart absolu
(des voies battues et traditionnelles) ;

f. Méditer et observer ce précepte d'Émerson : « Ne
jamais se laisser enchaîner par le passé, soit dans
ses actes, soit dans ses pensées » ;

g. Pour cela, ne pas perdre une occasion de se
dérober aux influences sociales habituelles, de fuir la
cristallisation sociale. L'expérience la plus ordinaire
atteste la nécessité de ce précepte. Quand nous
avons vécu pendant quelque temps dans un milieu
étroit qui nous circonvient et nous harcèle de ses
mesquineries, de ses petites critiques, de ses petits
dangers et de ses petites haines, rien ne nous rend le
sentiment de nous-même comme une courte absence,
un court voyage. On sent alors combien l'on était, à
son insu, comme harnaché et domestiqué par la société.

On rentre les yeux dessillés, le cerveau rafraîchi et
nettoyé de toute la petite sottise sociale qui l'envahis-
sait. D'autres fois, si l'on ne peut voyager, on peut du
moins se mettre à la suite d'un grand voyageur
du rêve. Je me souviens d'un ami qui, malade, isolé
dans de petites villes méchantes, entouré de petites
haines et de ragots imbéciles, se donnait une sensation infinie de joie et de liberté en relisant les *Rei-
sebilder*. Il s'échappait avec Heine dans le monde
enchanté du rêve, et le milieu n'existait plus pour lui.

Ces quelques préceptes individualistes n'ont qu'une
valeur d'exemples. On en trouverait un grand nombre
d'analogues dans les *Aphorismes* de Schopenhauer
et aussi chez Vigny et chez Stirner. Ils suffisent à
caractériser la psychologie de l'individualiste et à la
distinguer de celle de l'anarchiste.

∴

Disons un mot en terminant des destinées probables
de l'anarchisme et de l'individualisme.

A l'heure actuelle, l'anarchisme semble être entré,
soit comme doctrine, soit comme parti, dans une
période de désagrégation et de dissolution. M. Laurent
Tailhade, transfuge, il est vrai, du parti, constatait
naguère cette dissolution avec un mélange de mélancolie et d'ironie. La raison de cette désagrégation
se trouve vraisemblablement dans la contradiction
intime, que nous avons signalée plus haut. C'est la
contradiction qui existe entre les deux principes que
l'anarchisme prétend concilier : le principe indivi-

dualiste ou libertaire et le principe humaniste ou
solidariste, qui se traduit sur le terrain économique
par le communisme. Par l'évolution même de la
doctrine, ces deux éléments tendent de plus en plus
à se dissocier. Chez un certain nombre d'anarchistes
(surtout des intellectuels), nous pouvons voir l'anarchisme se muer plus ou moins nettement en individualisme pur et simple, c'est-à-dire en une attitude
de pensée fort différente de l'anarchisme proprement
dit, et compatible au besoin avec l'acceptation d'ins-
titutions politiques et sociales fort éloignées de l'idéal
anarchiste traditionnel. D'autres, en plus grand
nombre, surtout ceux qui mettent au premier plan
les questions de vie matérielle et d'organisation économique, font bon marché de l'individualisme et le
dénoncent volontiers comme une fantaisie d'aristocrate et un égoïsme intolérable. Leur anarchisme
aboutit à un socialisme extrême, à une sorte de
communisme humanitaire et égalitaire qui ne fait
aucune place à l'individualisme. — Ainsi se révèle
dans l'anarchisme un antagonisme de principes et de
tendances qui constitue pour la doctrine un germe
fatal de désagrégation (1).

(1) M. Fouillée, dans son livre *Nietzsche et l'Immoralisme*,
retrace l'évolution actuelle de l'anarchisme et indique le conflit
entre la tendance individualiste à la Stirner et la tendance
humanitaire qui se traduit sur le terrain métaphysique par un
monisme naturaliste à la Spinoza. Après avoir cité un passage
M. Reclaire, le traducteur de Stirner, qui prétend substituer
à la conception stirnérienne de l' « Unique » celle d'un *moi*
commun et universel, « fond commun » des individualités,

L'individualisme tel que nous l'avons défini, —
sentiment de révolte contre les contraintes sociales,
sentiment de l'unicité du moi, sentiment des antinomies
qui s'élèvent inéluctablement dans tout état social
entre l'individu et la société, pessimisme social, —
l'individualisme, disons-nous, ne semble pas près de
disparaître des âmes contemporaines. Il a trouvé
dans les temps modernes plus d'un interprète sincère
et passionné, dont la voix aura longtemps encore
un écho dans les âmes éprises d'indépendance. L'individualisme n'a pas le caractère passager et artificiel d'une doctrine politique et sociale telle que l'anarchisme. Les raisons de sa pérennité sont d'ordre
plutôt psychologique que social. En dépit des pré-
dictions des sociologues optimistes, qui, comme
M. Draghicesco (1), se persuadent que la marche de
l'évolution sociale et le fonctionnement mécanique
de quelques lois sociologiques simples, telles que la
loi d'intégration sociale, auront la vertu, dans un avenir
plus ou moins lointain, de rationaliser et de sociali-
ser complètement les instincts humains, d'assimiler,
d'égaliser et de domestiquer toutes les âmes, de

M. Fouillée ajoute : « On le voit, l'anarchisme théorique a
fini par devenir de nos jours un monisme à la Spinoza et à la
Schopenhauer : l'*Unique*, qui n'était d'abord qu'un individu et
un *ego*, s'est transformé en ce *fond commun à tout* que la
« Science » nous fait entrevoir, que la « Philosophie » seule
dégage. L'Unique « l'Un-Tout. » (Fouillée. *Nietzsche et l'Immoralisme*, p. 8, F. Alcan.)

(1) Draghicesco, *l'Individu dans le Déterminisme social*
(F. Alcan).

noyer l'individu dans la collectivité, d'effacer en lui tout sentiment d'individualité, toute velléité d'indépendance et de résistance aux soi-disant lois de la raison et de la morale, d'amener enfin l'avènement de cette race de « lâches heureux » dont parle Leconte de Lisle, il est permis de croire que l'individualisme restera une forme permanente et indestructible de la sensibilité humaine et qu'il durera autant que les sociétés elles-mêmes.

5394-08. — Corbeil. Imprimerie Crété.